SOZIALREVOLUTION!

Börries Hornemann, Armin Steuernagel (Hg.)

SOZIALREVOLUTION!

Campus Verlag
Frankfurt/New York

Die Texte von Albert Wenger, Erik Brynjolfsson, Andrew L. Stern, Robert B. Reich, Yanis Varoufakis, Michael D. Tanner und Natalie Foster wurden von Börries Hornemann aus dem Englischen übersetzt.

Wir danken Philip Kovce für seine redaktionelle Mitarbeit.

MIX
Papier aus verantwortungsvollen Quellen
FSC® C089473

ISBN 978-3-593-50682-1 Print
ISBN 978-3-593-43575-6 E-Book (PDF)
ISBN 978-3-593-43596-1 E-Book (EPUB)

Umschlaggestaltung: Guido Klütsch, Köln
Satz: Fotosatz L. Huhn, Linsengericht
Gesetzt aus: Scala Sans und Scala OT
Druck und Bindung: Beltz Bad Langensalza
Printed in Germany

www.campus.de

INHALT

Sozialrevolution – von Fabian Clemens Oppolzer
© Neopolis

EINLEITUNG

Die Arbeitswelt befindet sich in einer der größten Transformationen ihrer Geschichte. Alles wird flexibler, internationaler und digitaler. Stellen Sie sich eine menschenleere Fabrik in Deutschland vor. Die schnell ineinander greifenden Arme gehören Robotern, die rund um die Uhr in rasender Geschwindigkeit arbeiten. Einmal programmiert, vollbringen sie Bestleistung und entwickeln ihre Algorithmen dabei während des Betriebs stetig weiter. Sensoren und Kameras berichten selbstständig, wenn etwas hakt. Software-Probleme beheben die Algorithmen selbst. Wenn das nicht geht, klinken sich externe Programmierer aus anderen Erdteilen ein. Für mechanische Probleme ordert das System automatisch einen selbstständigen Spezialingenieur. Ein autonom fahrender LKW bringt die Rohstoffe und holt die fertige Ware ab. Die Produktion wird just in time angeworfen, wann immer Kunden eine Bestellung aufgeben. Es gibt keine Über- oder Unterproduktion. Die Produkte werden direkt vom LKW mit Drohnen zu den Kunden gebracht, die mit ihrem Smartphone signalisieren, wo sie sich bei Auslieferung befinden. Menschen braucht es hierzu nur als Konsumenten. Der Rest läuft von selbst.

Was wie eine Zukunftsvision klingt, ist keine drei Schritte von uns entfernt – die Produktionsstätte der Zukunft. Der Sportartikelhersteller Adidas baut bereits eine erste vollautomatische Fabrik in Deutschland. Im 19. Jahrhundert begann die Massenproduktion, im 20. Jahrhundert wurde sie nach Fernost verlagert und durch günstige Lohnarbeiter verrichtet – und jetzt findet sie wieder bei uns statt. Aber die Arbeitsplätze sind auf ein Minimum reduziert und konkurrieren weltweit über Online-Plattformen.

Nicht nur in der Produktion von Waren stehen neue Zeiten an. In allen repetitiven Arbeitsabläufen übernehmen Computer, Algorithmen und Roboter vielfältige Arbeitsschritte. Das macht die Produktion billiger, da keine Lohnkosten anfallen und es nie menschelt. Es treffen dabei zwei sich beschleunigende Entwicklungen aufeinander: Die Maschinen nehmen uns die Arbeit ab und die verbleibende Arbeit wird zunehmend flexibilisiert. Der Arbeitsplatz, wie wir ihn kennen, verliert an Bedeutung.

Diese technologische Revolution verhilft uns zu nie geahntem Wohlstand – allerdings profitieren heute längst nicht alle davon. Sie gleicht einem Erdbeben, das die Fundamente unserer Lebens- und Arbeitswelt umwirft. Unser Sozialsystem ist diesen Zeiten nicht gewachsen. Kein Wunder – es ist über 130 Jahre alt. Damals war es die revolutionäre Antwort Otto von Bismarcks auf die drängenden Fragen und sozialen Verwerfungen der Industrialisierung. Heute gehört es ins Museum. Neue Fragen brauchen neue Antworten. Kein technischer Gegenstand aus der damaligen Zeit hat heute noch Bestand, weder die ersten Autos oder Eisenbahnen noch Maschinen und Fabriken. Warum aber gilt das nicht für unser Sozialsystem? Es ist noch immer auf ein traditionelles Arbeits- und Familienmodell ausgerichtet – ein Vater arbeitet lebenslang fest angestellt im selben Beruf, die Mutter leistet die Familienarbeit und betätigt sich nebenbei ehrenamtlich. Wo ist da Raum für individualisierte Lebensläufe, für Gleichberechtigung, Flexibilisierung, Globalisierung? Dabei arbeiten schon heute Scharen von Selbstständigen nur noch im Projekt-Modus, sei es als Kurierdienst, Reinigungskraft, Unternehmensberater oder Webdesigner. Online-Plattformen und Apps vermitteln die Aufgaben kurzfristig und global.

Die Sozialsysteme haben die Flexibilisierung und Globalisierung der Arbeit nicht mitgemacht. Sie sind weiterhin an Nationalstaaten und feste Arbeitsplätze gebunden. Aber heute werden Erwerbsbiografien, die früher durch einen Beruf, nämlich die »Berufung« geprägt waren, zu Projekt-Portfolio- und Aufgaben-Hopping-Biografien. Sowohl die digitale Elite als auch ein in Amerika neu entstehendes digitales

Proletariat von Clickworkern und per App orderbaren Dienstleistern passt nicht ins System der alten Kategorien von Wohlfahrtssystemen und Rentenversicherungen.

Was es braucht, ist eine Sozialrevolution. Sie fordert ganz neue Ideen, die unser soziales Miteinander und die sozialen Sicherungssysteme grundsätzlich neu denken und umsetzen. Die digitale Revolution führt ohne Sozialrevolution ins Chaos. Das lehren uns nicht zuletzt die verheerenden gesellschaftlichen Auswirkungen der Industriellen Revolution: Revolten, erstarkender Nationalismus und Kriege waren damals überall in Europa die Folge. Es gibt kaum einen Staat, der die Industrielle Revolution friedlich überstanden hat. Trump, Le Pen, Brexit – auch heute rebellieren unter anderen die zurückgelassenen Arbeiter und verhelfen Heil versprechenden Nationalisten an die Macht. Das Hauptwahlversprechen von Donald Trump war »to bring back the jobs« – die Jobs wieder zurück in die USA zu bringen, auch wenn das vielleicht so nie mehr möglich sein wird.

Wenn wir aus der Geschichte der letzten hundertfünfzig Jahre etwas gelernt haben sollten, dann dass wir den sich notwendig ergebenden, fast natürlich über uns kommenden wirtschaftlichen und technologischen Revolutionen aktiv und bewusst gesellschaftlich und individuell etwas gegenüberstellen müssen, um Chaos zu verhindern. Das eine ereilt uns, das andere müssen wir erringen. Es braucht Ansätze, um die Vielfalt der heutigen und zukünftigen Welt abzubilden, die global vernetzte Wirtschaft widerzuspiegeln und den Menschen in seinem individuellen, internationalen und sich wandelnden Lebensentwurf anzuerkennen.

Führt die digitale Transformation zu paradiesischen Zuständen oder zu einem entfesselten globalen Turbokapitalismus? Zu Maschinen, die uns von der Arbeit befreien und ein »neues Athen« möglich machen, oder zur Versklavung der Menschen durch Maschinen? Es ist offen. Es liegt an uns, diese Transformation zu gestalten. Weil die Veränderungen alle betreffen, müssen wir uns auch alle damit befassen. Wir müssen der technologischen Revolution eine entsprechende

Sozialrevolution gegenüberstellen. Ein Schluss, zu dem heute nicht nur Kapitalismuskritiker kommen, sondern Ökonomen aus allen politischen Lagern und vor allem auch immer mehr Unternehmer.

Im vorliegenden Buch blicken radikale Denker unserer Zeit in die Zukunft, darunter führende Wissenschaftler, bekannte Investoren und erfahrene Politiker. Gemeinsam entwickeln sie in Analysen und Ausblicken, wie eine Sozialrevolution gelingen kann. Dabei kommen so politisch konträre Denker wie der ehemalige griechische Finanzminister Yanis Varoufakis und Michael D. Tanner vom einflussreichsten libertären Think Tank der USA, dem Cato Institute, zusammen. Es werden Ideen diskutiert vom bekannten Investor Albert Wenger oder dem Hirnforscher Gerald Hüther, von Natalie Foster, der Vorkämpferin für die Rechte von Arbeitern in der Digitalwirtschaft, bis zum prominentesten Gewerkschafter der USA, Andrew L. Stern. Der Wirtschaftsprofessor Erik Brynjolfsson vom MIT, der mit der »Vierten Industriellen Revolution« das Thema des Davoser Weltwirtschaftsforums 2016 gesetzt hat, bringt ebenso Vorschläge ein wie Robert B. Reich, ehemaliger US-Arbeitsminister unter Bill Clinton und Bestsellerautor.

Das Buch geht dabei den Weg von früheren sozialen Sicherungsformen über eine Analyse der Digitalisierung bis hin zu neuen Ideen für die Gesellschaft von morgen. Das beinhaltet die Idee des bedingungslosen Grundeinkommens ebenso wie neuartige vertrauensbasierte Versicherungssysteme. Schließlich werden die individuellen Grundlagen der Sozialrevolution untersucht und die Frage gestellt: Braucht eine Gesellschaft mit technologischer *künstlicher* Intelligenz vielleicht auch eine neue menschliche *künstlerische* Intelligenz?

Die Zeit drängt. Es drohen Massenentlassungen und politische Verwerfungen. Wir müssen Wege finden, wie die technologische Revolution zu einer lebenswerteren Gesellschaft führt und wie eine soziale Sicherung im 21. Jahrhundert gelingen kann.

Die wesentlichen Positionen der Autoren fassen wir im Kapitel »Auf den Punkt gebracht« am Ende des Buches zusammen.

Börries Hornemann und *Armin Steuernagel,*
Berlin/New York, Januar 2017

WAS KOMMT NACH BISMARCK?

Was uns die Geschichte der Sozialsysteme lehrt

Armin Steuernagel

Um über soziale Sicherheit zu sprechen, müssen wir mit einfachen Fragen beginnen: Wer bringt mir Tee ans Bett, wenn ich krank bin? Wer hilft mir, wenn ich Hunger habe, aber kein Einkommen? Wer gibt mir Sicherheit vor dem Unberechenbaren im Leben? Aber auch: Wer unterstützt mich, wenn ich jung und in Ausbildung oder zu alt für den eigenen Broterwerb bin? Die Antwort war seit jeher und ist noch heute: Es sind letztlich immer andere Menschen, die für mich sorgen. Menschen, mit denen ich verbunden bin. Früher mein Clan, meine Familie, und heute Mitbürger, die zum Beispiel in gemeinsame Rentenkassen einzahlen. Die »soziale Sicherheit«, wie wir es heute nennen, wird immer von *Gruppen* ermöglicht. Nur hat sich der Charakter dieser Gruppen mit der Zeit entscheidend verändert, und gleichzeitig die Nöte, in denen wir auf die Gruppe angewiesen sind. Immer wenn sich die soziale Sicherung nicht an die neuen Nöte anpasste, wie zum Beispiel während der massenhaften Verarmung von Arbeitern im Zuge der Industriellen Revolution, kam es zu Chaos, Revolutionen, Kriegen.

Stehen wir heute vor einem ähnlich großen Umbruch wie während der Industriellen Revolution? Und müssen wir soziale Sicherung für das 21. Jahrhundert neu erfinden? Antworten gibt uns vielleicht ein Rückblick auf die großen Veränderungen in der Geschichte und insbesondere auf die Entstehung der sozialen Sicherung unserer Vorfahren.

Jäger und Sammler

Die sich gegenseitig absichernden Gemeinschaften waren in der Zeit der Jäger und Sammler – so viel wir heute wissen – einzelne Stämme und Clans. Es waren übersichtliche Gemeinschaften – jeder kannte jeden, jeder hatte ein Auge für jeden und auf jeden. Wenn es einem Gruppenmitglied schlecht ging, half die Gemeinschaft, und wenn jemand sich nicht im Sinne der Gruppe verhielt, sah das jeder und es konnte von jedem bestraft werden. Die Gruppe gab Sicherheit, versorgte Kranke, Jung und Alt, aber sie kontrollierte und überwachte auch. Soziale Sicherheit und Unfreiheit durch Gruppenkontrolle gingen Hand in Hand.

Familie und Boden

Mit der Agrarrevolution und der Sesshaftwerdung um circa 10000 v. Chr., welche die Menschen von der Jagd auf die Felder brachte und sie in mancher Hinsicht aus der Abhängigkeit von der Natur befreite, änderte sich auch die soziale Sicherung – zumindest teilweise. Für soziale Sicherheit war man nicht mehr von Stämmen und Clans abhängig. Es genügte, wenn man eine Familie und fruchtbaren Boden zur Bewirtschaftung hatte. Im alten Griechenland, im alten Rom, im Mittelalter und noch vor Kurzem war die Bauernfamilie auf dem Land der Hort der sozialen Sicherheit: Familie war Lebensverbund, Arbeitsverbund, Fürsorgeverbund, Bildungsinstitution und Blutsverwandtschaft in einem.

Gemeinschaft und Genossenschaft

In der Stadt entstanden früh auch *familienähnliche* Gemeinschaften, deren Mitglieder füreinander sorgten. Zum Beispiel die Eranos-Vereine, die nach dem 6. Jahrhundert v. Chr. im antiken Griechenland auftraten. Ihre Hauptzwecke waren Geselligkeit sowie kultische und religiöse Handlungen, ihr Nebenzweck aber war soziale Sicherheit. Ging es jemandem schlecht, benötigte einer Geld, um aus der Gefangenschaft freigekauft zu werden oder sich von drückenden Schulden zu befreien, so wurden die Mitglieder dazu aufgerufen, einen Beitrag zu spenden oder Geld zu verleihen.[1] Es waren in diesem Sinne erweiterte Familien.[2] Auch später im alten Rom gab es mit den sogenannten *collegia tenuiorum* ähnliche Zusammenschlüsse von Menschen. Auch bildeten sich viele Genossenschaften von Handwerkern oder Seeleuten, die sich gegenseitige Unterstützung zusicherten.[3]

Unsere Vorfahren verließen sich bei der sozialen Sicherheit zumeist auf kleine Gemeinschaften. Sie waren von gegenseitiger Verwandtschaft oder zumindest guter Bekanntschaft, Vertrauen und Übersichtlichkeit geprägt. Die soziale Absicherung war eingebettet in ein gemeinsames Leben und Arbeiten auf dem Hof, in Geselligkeit beim Gastmahl oder in Genossenschaftstreffen. In einigen wenigen Großstädten des alten Rom gab es zwar schon erste an unseren heutigen Wohlfahrtsstaat erinnernde steuerfinanzierte Sozialhilfe-Systeme, die ganz anders als die hier beschriebenen Sozialgemeinschaften funktionierten, aber sie hatten kaum Bedeutung, weil sie das Überleben eines Einzelnen nicht wirklich absichern konnten.[4] Konfrontiert mit den schwierigen sozialen Verhältnissen nach den Massenzuströmen in die Städte, setzte sich Julius Cäsar dafür ein, Stadt-Arbeitern ein Grundstück auf dem Land zu geben, auf dem sie wieder eine Land-Familiengemeinschaft gründen konnten, um sich von den Früchten der Erde zu ernähren und sich gegenseitig zu versorgen.

1 Vergleiche Clemens von Zedlitz: Rechtsgeschichtliche Entwicklung der Versicherung. 1999, S. 41 ff.

2 Die Gemeinschaften basierten auf Solonischen Gesetzen und waren sogar eine spezielle Rechtsform im Athenischen Recht. Vergleiche Albert Schug: Der Versicherungsgedanke und seine historischen Grundlagen. 2011, S. 105 f.

3 Vergleiche Clemens von Zedlitz: Rechtsgeschichtliche Entwicklung der Versicherung. 1999, S. 41 f.

4 Vergleiche Marina Elisabeth Pfeffer: Einrichtungen der sozialen Sicherung in der griechischen und römischen Antike. 1969, S. 142.

Bismarck und die Industrialisierung

Nachdem auch das Mittelalter die soziale Sicherung in kleinen Gemeinschaften sichergestellt hatte, in Gilden, Orden und Genossenschaften oder indem kirchliche Institutionen sich vor allem um die Armen kümmerten, änderte sich das mit der Industrialisierung, genauer gesagt vor rund 130 Jahren mit dem deutschen Reichskanzler Otto von Bismarck. Die Industrielle Revolution veränderte das Familien- und Arbeitsleben und brachte die »soziale Frage«, wie man damals sagte, neu auf den Tisch. Vormals selbstständige Bauern und Handwerker strömten in die Städte und drängten in die neu entstandenen Fabriken und Maschinenhallen. Aus selbstständigen, in Familienstrukturen eingebetteten und so sozial abgesicherten Selbstversorgern wurden abhängige Angestellte, die keine große Gemeinschaft mehr um sich hatten. Sie bildeten die neue Proletarierklasse. Auf einmal konnten Menschen arbeitslos werden. Diese »Arbeitslosigkeit« hatte es auf dem Land nicht gegeben. Aus Handwerkern, die ihr Handwerk in dem Glauben gelernt hatten, es wie ihre Väter ihr gesamtes Leben lang auszuführen, wurden Maschinenbediener, die flexibel sein und bei Arbeitslosigkeit möglichst schnell einen neuen Beruf erlernen mussten. Wir können uns den Umbruch von der Agrar- zur Industriegesellschaft gar nicht einschneidend genug vorstellen. Er hatte Massenarbeitslosigkeit, eine Prekarisierung der Lebensverhältnisse und, daraus resultierend, soziale Unruhen zur Folge. Bismarck wollte die Monarchie retten. Die »rote Gefahr«, wie Bismarck die Kommunisten nannte, erhielt großen Zulauf, und daher griff er zu einem damals völlig neuen Mittel, welches die soziale Absicherung revolutionierte.

Die Befreiung – der Wohlfahrtsstaat

Bismarck führte in den 1880er und 1890er Jahren umfassende, zentral organisierte staatliche Versicherungen ein und begründete damit den Wohlfahrtsstaat: Krankenversicherung, Unfallversicherung und Pensionskassen. Sein Ziel war es, die Menschen, wie er selbst sagte, »an den Staat« und die Monarchie zu binden und sie »zu bestechen«, damit sie nicht anfällig für Demokratie und Kommunismus würden. Auch wenn er diese Ziele verfehlte, so wurde doch erstmals in der Geschichte für Millionen Menschen eine soziale Sicherheit jenseits von Familienverbänden und kleinen Gemeinschaften geschaffen. Bismarck erweiterte sozusagen die Familiensolidarität zu einer Nationalstaatssolidarität. Arbeitende Menschen waren nicht mehr allein dafür zuständig, ihre arbeitsunfähigen Eltern und Angehörigen zu finanzieren, sondern jeder trug einen kleinen Teil seines Arbeitseinkommens dazu bei, um die Gesamtheit aller Renten zu tragen. Aus der Solidarität von Kleingruppen wurde so eine gesellschaftliche Solidarität. Damit wurde die Verbindung zwischen Bedürftigen und denen, die für sie aufkamen, gelöst: ein beispielloser Prozess der Anonymisierung. Die noch existierenden, dezentral organisierten Armenvereine in Deutschland, rund 8000 an der Zahl, lösten sich langsam auf. Der Wohlfahrtsstaat übernahm nun die Rolle des Schutzpatrons. Das hatte auf der einen Seite eine enorm befreiende Wirkung. Der Gruppenzwang war Vergangenheit. Sich mit der Familie zu zerstreiten hieß nicht mehr, sein Überleben aufs Spiel zu setzen. Nun gab es den Staat, der für alle sorgte. Vergangenheit war damit auch das Prinzip der Dorfgemeinschaften, Gilden oder Genossenschaften, die den Einzelnen noch direkt miterleben und kontrollieren und aus Mitgefühl unterstützen oder zur Strafe ächten konnten. Das Überleben wurde von der unmittelbaren Lebens- und Arbeitsgemeinschaft entkoppelt. Eine ferne, anonyme, große Gemeinschaft übernahm stattdessen das Patronat. Mitgefühl und auch die Abhängigkeit vom Mitgefühl der anderen wurde durch allgemeine und verlässliche Unterstützungsregeln ersetzt. Gruppenzwänge entfielen, dafür entstanden harte Bedingungen der Ein- und Auszahlung.

Neue Zwänge der Anonymität und des Misstrauens

Diese Befreiung von der Gruppe führte zu zwei neuen Entwicklungen: der Steuerbürokratie und der Wohlfahrtsbürokratie.

War früher noch bekannt, für wen eine Zahlung bestimmt war, wessen Krankheit zum Beispiel welche Kosten verursachte, so ist diese direkte Begegnung des Zahlers mit dem Geldempfänger seit Bismarck verschwunden. Steuerzahler oder Pensionskassen-Einzahler tragen allgemein zur Deckung der Kosten bei. Aber ein Einzahler weiß nicht, ob er mit seiner Zahlung zum Beispiel den Pfleger der netten alten Dame im Nachbarhaus finanziert oder die Medikamente eines sehr weit entfernten »unverschämten Bürgers«, der vielleicht das Wohlfahrtssystem austrickst und missbraucht. Diese Anonymisierung schafft Freiheit, weil Einzahler sich nicht mit individuellen Biografien auseinandersetzen müssen. Sie nimmt aber auch die Möglichkeit des Mitgefühls und schafft Misstrauen und sinkende Zahlungsbereitschaft. Wenn das Wissen über den Adressaten des Geldes nicht mehr da ist – wieso sollte man dann überhaupt noch zahlen? Gibt es nicht vielleicht Möglichkeiten, die Zahlung zu umgehen? Es kommt zu Steuerhinterziehung. Das fordert wiederum die Steuerbehörden heraus, die eine Kontroll- und Sanktionsbürokratie aufbauen, was die Verwaltungskosten steigen lässt. Immer mehr Steuerfahnder zur Eintreibung der Steuerschuld werden nötig. Aus individueller Unterstützung eines hilfsbedürftigen Gruppenmitglieds – aus Reziprozität, Mitgefühl oder Gruppenzwang – wird ein neuer Zwang: der Zwang des allgemeinen Gesetzes.

Hatten die kleinen Gemeinschaften durch die Nähe zwischen ihren Mitgliedern und das aufgebaute Vertrauen wenige Missbrauchsfälle, weil erstens jeder wusste, wem er schaden würde, und weil zweitens Missbrauch schnell erkannt werden konnte, so brauchte es in einem anonymen System hierfür eine teure Verwaltung. Das Geld kam aus einem anonymen Topf, weshalb man nicht eine konkrete Person oder Gemeinschaft, sondern einen anonymen Staat betrog. Jetzt konnte nicht einfach mehr in jedem Fall individuell geholfen werden, sondern man brauchte klare Regeln, wann Geld gezahlt wird und wann nicht. Wann gilt jemand als arbeitsunfähig oder als krank? Wie lange wird bei einer Krankheit eine Lohnfortzahlung gewährleistet? Was passiert, wenn sich jemand nicht um eine neue Arbeitsstelle kümmert? Das Mitgefühl musste sozusagen »verrechtlicht« und alle Fälle mussten vorab geregelt werden. Perfekte Regeln sollten geschaffen werden – und das versuchen wir bis heute. Regularien, die alles festlegen und durch austauschbare Sozialbeamte ausgeführt werden können, sind weiterhin das soziale Ideal. Mit dieser Rationalisierung, Bürokratisierung und Anonymisierung wurde Stück für Stück der individuelle Mensch über Bord geworfen. Er kommt in den Gesetzen nicht mehr vor. Während früher die Gemeinschaften noch Rücksicht auf das Individuum nehmen konnten und für individuelle Fälle je individuelle Regelungen fanden, so muss seit Bismarck jeder individuelle Vorfall in eine überindividuelle, allgemeine Form übersetzt werden können: in die Gesetze der Wohlfahrtsbürokratie. Wer sich nicht so verhält, wie es vorgeschrieben ist, und einen individuellen Lebenslauf hat, der fällt durch das Raster. Wer über längere Zeit die Eltern zu Hause pflegen will und dafür finanzielle Unterstützung braucht, der hat keine Gemeinschaft mehr, die das trägt, und kein Gesetz, das genau auf ihn zugeschnitten ist.

Gerade die rationale Organisation der Wohlfahrt führt zu einer auf das Individuum bezogenen Irrationalität, wie es Max Weber in seinen soziologischen Beschreibungen der Bürokratie schon vor 100 Jahren festhielt. Vorschriften, die ausgeführt werden müssen, »weil das so vorgegeben ist«, und nicht, weil das an dieser Stelle rational Sinn ergibt, sind irrational. Das ändert die Position des Bedürftigen. Er fühlt sich als Opfer einer Wohlfahrtsmaschinerie, die ihn nicht als Menschen sieht, sondern ihm nur Etiketten anheftet und ihn danach behandelt. Dankbarkeit, die jemand vielleicht früher noch gegenüber der ihm helfenden Gruppe zeigte, weicht jetzt einer Undankbarkeit, einem Anspruchsdenken und einer Trotzhaltung. »Wenn ich schon so behandelt werde, dann versuche ich jetzt auch, jeden Euro rauszuholen, den ich kriegen kann.« Ja, die Regeln, die zur Verhinderung von Missbrauch geschaffen werden, erzeugen neuen Missbrauch, der wieder durch mehr Regeln verhindert werden soll. Misstrauen scheint eine sich selbst erfüllende Prophezeiung zu sein, ein Teufelskreis. Darum schränkt die Sozialgesetzgebung die individuelle Freiheit immer mehr ein.

21. Jahrhundert – die Perfektionierung der Bürokratisierung

Die durch Bismarck angestoßene Dynamik hat sich mit dem Beginn des 21. Jahrhunderts rasant verstärkt. Als Hartz-IV-Empfänger muss man heute nicht nur die offizielle Erlaubnis der Verwaltung haben, um auf Reisen zu gehen oder die Stadt für einen Landaufenthalt zu verlassen, sondern die Ämter haben direkte Einsicht in Bankkonten, sie dürfen regelmäßig Hausbesuche abstatten und zum Beispiel anhand der Zahl von Zahnbürsten kontrollieren, ob wirklich nicht mehr Leute in der Sozialwohnung wohnen, als offiziell gemeldet. Gibt die alleinerziehende Mutter ihr Kind für ein paar Tage zum Vater – so die neuesten Gesetze –, muss sie das dem Amt melden und bekommt für diese Tage das staatliche Unterhaltsgeld gestrichen. Wird auch nur 1 Euro von einem Sozialhilfeempfänger hinzuverdient, muss dies gemeldet werden und wird von der Sozialhilfe abgezogen. Es ist vermutlich nur noch eine Frage der Zeit, bis neue Skandale die Gemüter erhitzen und die Ämter neue Befugnisse bekommen werden, Sozialhilfeempfänger noch umfassender zu überwachen. Die Geodaten des Smartphones können Aufschluss geben, wo sich jemand aufhält und ob er sich an die ihm auferlegten Regeln hält. Die Bürokratie der Wohlfahrtsstaaten kann mit den neuen digitalen Technologien vollends perfektioniert werden. Statt Beamten, die vielleicht noch die individuellen Umstände einer Person in Betracht ziehen, kann ein nicht bestechlicher und nicht durch Mitgefühl weich werdender Algorithmus die Wohlfahrtsbürokratie ganz gesetzestreu ausführen. Schon allein der Kostendruck, der auf den Wohlfahrtssystemen lastet, wird Staaten in diese Richtung drängen.

Die beschriebene Maschinerie der Bürokratie erstreckt sich auch auf private Formen der Versicherung. Misstrauen regiert auch hier. Fragt man Chefs von Versicherungen hinter vorgehaltener Hand, so geben sie zu: Inzwischen ist der größte Kostenpunkt für Versicherungen die Rechtsabteilung gegen Versicherungsbetrug. Wer hat schon ein gutes Verhältnis zu seinen Versicherungen? »Sie sind teuer, und wenn man sie braucht, zahlen sie nicht« – so das allgemeine Gefühl. Versicherungsbetrug wird als Kavaliersdelikt angesehen. In der Folge reagieren die Versicherungen wie die Wohlfahrtsstaaten mit Überwachungsmaßnahmen. Schon heute bekommt man eine günstigere Krankenversicherung, wenn man mit einer App nachweist, dass man regelmäßig Sport treibt. Schon heute gibt es Geräte, die im Auto installiert werden und den Fahrstil verfolgen, um den Versicherungstarif entsprechend anzupassen.

Das zeigt: Mit der großen Befreiung aus der kleinen Gemeinschaft haben wir uns unter das Joch der Kategorisierung und Regulierung der großen Gesellschaft begeben. Ein abstraktes, anonymes Joch, eines, für welches wir keinen Verantwortlichen finden können. Wir haben uns unabhängig von der »Gruppe der Anderen« gemacht und sind wieder abhängig geworden, weil wir den »individuellen Anderen« aus dem Blick verloren haben und nach Mustern entscheiden. Mit dem Blick für die individuellen Anderen haben wir auch das Vertrauen verloren. Ein allgemeines Misstrauen formt unsere sozialen Einrichtungen und produziert weiteres Misstrauen und Unfreiheit. Wir haben vergessen, dass wir erst wirklich frei leben können mit und dank anderer, die uns freiwillig geben, was wir brauchen, ohne Bedingungen – seien es die Bedingungen des Gruppenzwangs oder der Wohlfahrtsbürokratien.

Technologische Revolution und Flexibilisierung der Arbeitswelt

Nur etwas über 100 Jahre nach der Industriellen Revolution stehen wir inmitten der nächsten technologischen Revolution: der Digitalisierung. Sie wird die Gesellschaft und Arbeitswelt genauso tiefgreifend verändern wie ihre Vorgängerin, die Industrialisierung. Bismarcks Kopplung der Versicherungssysteme an den Nationalstaat und an Arbeitsplätze erweist sich dabei zunehmend als Problem. Menschen halten sich weder beim Arbeiten noch beim Wohnen an Grenzen. Die »Generation easyJet« arbeitet heute in Barcelona, morgen in Zürich und übermorgen in Stockholm. Tausende haben einen Wohnsitz in Polen, arbeiten in Berlin oder London als schlecht bezahlte Hilfskräfte und schicken das Geld, das übrig bleibt, zu den Kindern und Alten in die Heimat. Andere arbeiten in der »Gig-Economy«[5] einzelne Aufträge für internationale Arbeitgeber auf Online-Plattformen wie »Upwork« ab und fallen durch alle Raster. Während früher die Handwerker oder Bauern für ein ganzes Leben ihre »Berufung« ausübten und Angestellte und Arbeiter in der Post-Industrialisierung einige Male im Leben ihren Arbeitgeber wechselten, wobei sie für die Zwischenzeiten eine Arbeitslosenhilfe beantragen konnten, kündigt sich heute allgemein das Verschwinden von festen Arbeitsplätzen und deren Ersetzung durch Arbeitsaufgabenmärkte an. Wenn ich heute eine bestimmte Aufgabe vergeben möchte, kann ich online auf einer Plattform auf ein Heer von Arbeitskräften zugreifen, die auf der ganzen Welt verteilt sind, jederzeit bereit, für mich zu arbeiten. Immer mehr Menschen sind für ein paar Stunden Uber-Fahrer oder fahren als Fahrradkurier für »Deliveroo« durch Berlin oder helfen als »Clickworker« aus und fotografieren Supermarktregale als outgesourcte Marktbeobachtungsabteilung von Lebensmittelgiganten. Ihre soziale Absicherung kann durch keine noch so gute Kategorisierung und Regulierung gesichert werden. Vollzeitjobs und geradlinige Erwerbsbiografien sind nicht mehr selbstverständlich, ja, sie werden atypisch. An diese individuellen Arbeitsformen sind unsere sozialen Sicherungssysteme nicht angepasst, eventuell

5 Gig-Economy bezeichnet eine Wirtschaftsform, in welcher Arbeiter selbstständig von Projekt zu Projekt gehen und in ständig wechselnden Arbeitsverhältnissen stehen. Ein Arbeitsauftrag kommt somit einem Auftritt (gig) gleich. Experten sagen einen großen Zuwachs solcher Arbeitsverhältnisse für die kommenden Jahre voraus.

sogar nicht anpassbar. Gerade die Befreiung aus den alten Gemeinschaften durch die Wohlfahrtsbürokratie hat, so scheint es, einen Individualisierungsprozess in Gang gesetzt, der dieselbe Wohlfahrtsbürokratie sprengen wird. Der Wohlfahrtstaat ermöglichte erst die Emanzipation von Familie, Eltern und scheinbar vorbestimmten Lebensläufen –, dadurch ist er Mit-Ermöglicher der bunten Erwerbsbiografien, die ihn heute überfordern.

Die digitale Revolution führt nicht nur zu einer nie dagewesenen Flexibilisierung der Arbeitswelt. Robotisierung und Automatisierung ersetzen auch alle Arbeit, die berechenbar ist. Glaubt man Experten, betrifft das fast die Hälfte aller heute anfallenden Tätigkeiten. Das heißt: Entweder müssen wir als Gesellschaft Wege finden, wie wir alle Menschen an den Produktivitätsgewinnen teilhaben lassen, damit diejenigen, die dann keinen Arbeitsplatz mehr haben, weiter leben können. Oder wir müssen – wenn wir davon ausgehen, dass es immer genügend Arbeit geben wird – soziale Sicherungssysteme schaffen, die den Menschen ein Polster, Sicherheit und Freiraum gewähren, um neue Betätigungsfelder zu suchen, Neues zu erlernen und sich weiterzubilden. Dieser Freiraum fehlte beim Übergang von der Agrargesellschaft zur Industriegesellschaft – und sein Fehlen führte zu großen sozialen Unruhen und dem Erstarken von reaktionären Kräften. Diesen Fehler sollten wir nicht wiederholen.

Post-Bismarck – die Sozialrevolution

Es wird deutlich: Unsere Wohlfahrtssysteme sind nicht bereit für das 21. Jahrhundert. Die Spannung zwischen den Nöten der Menschen und den starren Regeln nimmt zu. Daraus sollten Konsequenzen gezogen werden. Es gilt auszubrechen, wieder auf den Einzelnen zu schauen und die oben skizzierte Vertrauensfrage zu stellen. Gewinnen wir neues Vertrauen zu unseren Mitmenschen? Das funktioniert nur mit Einrichtungen der sozialen Sicherheit, die uns aus dem anonymen Zwang der Regeln und Algorithmen befreien, die horrenden Verwaltungskosten senken sowie soziale Sicherheit und Freiheit möglich machen. Das können neue Formen der staatlichen Sicherung sein, die weniger bevormundend sind (wie zum Beispiel ein Grundeinkommen), oder eine moderne Form von Eranos-Vereinen. Dass das tatsächlich möglich ist, zeigen inzwischen Dutzende Start-ups und Organisationen, die in den Kapiteln »Die Zukunft der sozialen Sicherung« und »Vertrauen zahlt sich aus« im hinteren Teil des Buches dargestellt werden. Sie setzen auf Absicherung über Kleingruppen, die zu größeren Gruppen zusammengeschlossen sind und sich gegenseitig in Notfällen unterstützen.

Genauso, wie Bismarck mit den sozialen Folgen der Industrialisierung zu tun hatte, genauso, wie er einer zunehmenden Polarisierung der Gesellschaft entgegenwirken wollte, genauso stehen wir heute vor der Herausforderung, mit den Folgen einer Digitalisierung, Automatisierung und Robotisierung umzugehen. Die Arbeitswelt wird nicht nur flexibler, sie wird – wie es Erik Brynjolfsson beschreibt – grundlegend verändert. Verunsicherung spüren wir schon heute, Polarisierung auch. Eine Massenarbeitslosigkeit wie während der Industriellen Revolution ist uns bisher erspart geblieben, doch droht ein solches Szenario mit jedem technischen Durchbruch näher zu kommen. Daher stellt sich die Frage: Brauchen wir vor dem Hintergrund all der Veränderungen der technologischen Revolution nicht eine soziale Veränderung, eine Sozialrevolution, die ähnlich revolutionär ist wie die bismarckschen Sozialreformen?

UNBEGRENZTE MÖGLICHKEITEN

Wie uns der technologische Fortschritt zu neuen Fragen und Antworten führt

Albert Wenger

Als Investor in digitale Start-ups werde ich häufig gefragt, was »the next big thing« sei. Als Antwort erwarten die Menschen meistens konkrete Schlagwörter wie »virtuelle Realität« oder »Roboter«. Dahinter steckt die Annahme, die Technologie sei das Entscheidende. Dabei ist es vor allem das, was wir aus der Technologie und ihren Möglichkeiten machen wollen, was »the next big thing« wird!

Das Bild unten[1] zeigt einen Apple II. Genau auf diesem Gerät habe ich vor gut 35 Jahren Programmieren gelernt. Damals war das ein großartiges Gerät. Es kostete 1300 Deutsche Mark und hatte 48 Kilobyte RAM als Arbeitsspeicher. Das klingt heute eher nach dem Spei-

1 Alle Fotos von Albert Wenger, privat.

cher einer digitalen Taschenuhr, aber damals war schon allein die Tatsache, dass man sich einen Computer kaufen und mit nach Hause nehmen konnte, etwas unvorstellbar Neues. Es war der Beginn einer neuen Ära. Zuvor waren Computer riesige Ungetüme, die ganze Räume füllten und die sich nur Unternehmen leisten konnten. Letztlich begann mit diesen »persönlichen« Computern (davor hießen die Geräte deshalb auch nicht »PC«, also *personal computer*) die Zeit, welche uns heute bahnbrechende Entwicklungen erleben lässt und uns gleichzeitig vor immense Fragen stellt. In den 1970ern hatten wir, wenn überhaupt, nur ein dumpfes Gefühl für diese bevorstehenden Neuerungen. Ehrlicherweise muss man rückblickend sogar sagen, dass wir keine Ahnung hatten, wie grundlegend sich die Welt verändern würde.

Das folgende Bild zeigt einen Raspberry Pi. Dieses kleine Gerät ist so groß wie eine Handfläche, kostet circa 35 Dollar, hat einen Gigabyte Speicherplatz und einen Prozessor mit einem Gigahertz Rechenleistung. Wenn wir den Preis von der Inflation bereinigen und den Apple II und den Raspberry Pi miteinander vergleichen, dann ist das mehr als ein Quantensprung. Es ist eine millionenfache Leistungssteigerung im Zeitraum von nur etwas über 30 Jahren. Solche Entwicklungsgeschwindigkeiten gab es noch nie zuvor in der Mensch-

heitsgeschichte. Im Bereich der Computertechnologie aber ist heute genau das möglich. Wenn sich Autos im selben Zeitraum ebenso schnell weiterentwickelt hätten, könnten wir heute mit einer Tankfüllung (mit welchem Treibstoff auch immer) und ohne jeden Verschleiß einmal um die Welt fahren. Es fällt schwer, sich das konkret vorzustellen. Mit obigem Bild können wir uns diesen rapiden Wandel vor Augen führen:

Das American-Football-Computerspiel »Madden«[2] gibt es schon seit über 30 Jahren. Hieran lässt sich gut die Entwicklung nachvollziehen: Während links grobe Pixel-Punkte kaum erkennen lassen, um welche Sportart es sich handelt, ist das Bild rechts so scharf, als wäre es ein Foto von einem realen Footballspiel. Das ist der Weg von einem pixeligen Bildschirmflimmern und nur grob definierten Abbild der Wirklichkeit zu einer virtuellen Realität, die von der sichtbaren Wirklichkeit kaum oder nicht mehr zu unterscheiden ist. So ist heute die Erschaffung einer zweiten, virtuellen Realität möglich. Das ist auf der Ebene der Software eine der Auswirkungen der millionenfachen Steigerung, wie sie der Entwicklungssprung in der Hardware zwischen Apple II und Raspberry Pi gezeigt hat.

2 Montage von Albert Wenger, Ausschnitte von YouTube: https://www.youtube.com/watch?v=YjCNcJHiYdM

Diesen tiefgreifenden Wandel charakterisiert noch ein weiterer Umstand, der mit der Zahl Null zusammenhängt. Denn beim Herunterladen des Footballbildes sind keinerlei zusätzliche Kosten entstanden – weder für die Bereitstellung noch für den Zugang zum Herunterladen. Ökonomisch heißt das, die Marginal- oder Grenzkosten liegen bei null. Dabei ist das eine sehr große Datei, die bei Weitem nicht auf den alten Apple II gepasst hätte. Doch weder mussten irgendwelche Vorkehrungen beim Anbieter getroffen werden, damit für uns ein Zugang zu der Datei möglich wurde, noch musste der empfangende Computer hierfür in irgendeiner Weise verändert werden. Die Zugänge sind schlicht vorhanden und erzeugen keine weiteren Kosten. Die Datei steht einfach zur Verfügung – für Grenzkosten in Höhe von null. Das hat es noch nie gegeben. Überall sonst ist jede Bereitstellung von Dingen stets mit weiteren Kosten verbunden. Wenn jemand Autos herstellt, so verursacht jedes zusätzliche Auto auch weitere Kosten. Selbst das tausendste Auto ist nur minimal günstiger als das neunhundertste. Auch bei sehr großen Mengen gehen die Grenzkosten nur geringfügig zurück. Wenn jemand aber dieses Bild, ein Video oder jede sonstige digitale Information bekommen möchte, liegen die Grenzkosten bei null. Mit herkömmlichen ökonomischen Theorien ist das schwer nachzuvollziehen, geschweige denn zu erklären. Es scheint unbestimmt, was die langfristigen Auswirkungen sein werden, ebenso wenn eine Summe durch null geteilt wird. Der Taschenrechner zeigt dann: Error. Aber mit diesem »Error« wachsen heute die erfolgreichsten Unternehmen heran, und genau damit werden die größten Gewinne erzielt. Darin steckt eine neue Form von mathematischer Gleichung. Wir verstehen sie bisher nur ungenügend. Das ist einer der wesentlichen Gründe, weswegen die Welt so schwer verständlich geworden ist.

Die Null-Grenzkosten hängen auch damit zusammen, dass sich der Erfolg des Internets durch sehr große Netzwerke speist, an welchen sehr viele Nutzer partizipieren. Das macht auf der einen Seite diejenigen Menschen sehr reich, welche die Netzwerke besitzen, seien es Facebook, Google oder Uber. Andererseits steigert es den Nutzen aller Teilnehmer, da sie von der Größe und Reichweite der Netzwerke profitieren. Gleichwohl müssen wir darüber nachdenken, wer die Kontrolle über diese Netzwerke hat und wo die geschöpften Werte hinfließen. Aktuell versucht die EU, hierzu kartellrechtliche Richtlinien aufzustellen. Aber ist das der richtige Weg? Das Kartellrecht wurde für die Großindustrie entwickelt, wie sie in der Industriezeit üblich war, denn es kann ausufernde Machtkonzentration zerschlagen. Doch Netzwerke erfordern ein anderes Denken und letztlich auch ein anderes Rechtssystem. Sonst wird sich wieder einmal zeigen, dass die Lösungen der Vergangenheit auf die Probleme der Gegenwart nicht anwendbar sind.

Die positiven Effekte der Netzwerke, wie sie beispielsweise WhatsApp ermöglicht, wollen alle Nutzer. Was uns daran aber nicht behagt, ist die Bündelung und Abschöpfung des unverhältnismäßig großen ökonomischen Werts, welcher hier als Profit bei einigen Wenigen zusammenfließt.

Ein neues Denken muss die positiven Effekte großer Netzwerke erhalten, da alle Nutzer davon profitieren, und sich gleichzeitig fragen: Wie kann man die Netzwerke regulieren, damit die extremen Wertentwicklungen der Netzwerkfirmen in dieser Form nicht stattfinden können? Wenn das kartellrechtlich geschieht, wird das Netzwerk zerschlagen. Damit ist niemandem geholfen.

Es gibt viele Beispiele für positive Netzwerkeffekte. Als E-Mails eingeführt wurden, funktionierten sie anfangs nur innerhalb von Unternehmen. Als ich 1990 ein E-Mail-System in einem Unternehmen installierte, war das extrem teuer und das System nur intern kompatibel. Weder konnte jemand von außerhalb eine E-Mail ins System schicken, noch konnten E-Mails hinausgesandt werden. Diese Begrenzungen ließen den Sinn des E-Mail-Verkehrs noch kaum erkennen. Erst als der heutige Standard SMTP sich durchgesetzt hatte, konnten E-Mails zwischen allen Anbietern versendet werden und der eigentliche Sinn von elektronischer Post wurde deutlich. Heute können, egal wo auf der Welt sich jemand aufhält und in welchem System er agiert oder welches Betriebssystem er verwendet, E-Mails untereinander ausgetauscht werden, da alle über denselben Standard operieren. Dieses Prinzip heißt Protokoll. Die heutigen Netzwerkfirmen machen das anders. Facebook etwa hat sein eigenes System, weshalb kein Austausch mit anderen Systemen möglich ist. Dabei könnten die großen Plattformen, welche heute so viel Macht bündeln, ebenfalls protokollbasiert funktionieren, und alle würden davon profitieren, ohne die genannten negativen Begleiterscheinungen der extremen Kapitalanhäufung. Das Interesse der Plattformbetreiber geht allerdings erst einmal nicht in diese Richtung.

Derartige Fragen stellen sich, seit es das Phänomen der Null-Grenzkosten gibt. Das ist vollkommen neu – niemals haben wir in einer Welt gelebt, wo überhaupt irgendetwas ohne Grenzkosten zu bekommen war. Aber die Sache ist noch fundamentaler.

Selbstständiges Lernen

Kürzlich hatte Google zwei maßgebliche Erfolge vorzuweisen. Der eine ist Googles selbstfahrendes Auto und der andere ein Programm aus Googles DeepMind-Abteilung, genannt AlphaGo, welches Anfang 2016 in vier von fünf Partien den Go-Meister Lee Sedol aus Südkorea besiegt hat. Go ist ein sehr komplexes Spiel, welches überwiegend auf Intuition basiert und dessen Spielzüge selbst von sehr leistungsstarken Rechnern mit traditionellen Methoden bisher kaum vorausgesagt werden konnten. Deswegen gingen die Forscher davon aus, dass es noch Jahre dauern würde, bis AlphaGo ausgereift genug sei, gegen die besten menschlichen Go-Spieler anzukommen. Das Ergebnis zeigt, wie weit die Technik bereits fortgeschritten ist.

Diese Forschungserfolge von Google gleichen den Träumen, die wir vor 35 Jahren hegten, als wir mit dem Apple II programmierten. Uns schwebten Maschinen vor, die anspruchsvolle Spiele spielen, und Autos, die selbst fahren können. Aber auch damals, als wir mit dem Programmieren begannen, gab es diese Träume schon lange, und keiner wusste, wie das technisch zu bewerkstelligen sei. Daran hat sich in letzter Zeit etwas grundlegend geändert. Heute sind viele der Träume Wirklichkeit geworden. Die Entwicklung folgt einem Muster. Eine Analogie kann das verdeutlichen: Jahrtausende hat die

Menschheit davon geträumt, fliegen zu können. Das spiegelt sich in diversen Mythen wider, bei denen es um fliegende Menschen geht, und weist bis an die Anfänge der Menschheitsgeschichte zurück. Dabei haben die Menschen schon relativ früh erkannt, dass Körper prinzipiell fliegen können. So wie Vögel, die auch schwerer sind als Luft. Aber auch jahrhundertelanges Herumprobieren hat keine Erfolge gebracht. Man wusste schlicht keine technischen Lösungen. Als kurz nach Beginn des 20. Jahrhunderts mit den ersten Flugzeugen der Durchbruch gelang, dauerte es nur circa 50 Jahre, bis 1958 Passagierflugzeuge über den Atlantik flogen. Dieses Prinzip von technischer Entwicklung hat Methode: Über einen sehr langen Zeitraum scheint etwas unmöglich, aber sobald der Durchbruch geschafft ist, geht die Entwicklung äußerst rasant weiter und die Perfektionierung lässt nicht lange auf sich warten. Diese Non-Linearität von Entwicklung zeigt sich besonders ausgeprägt im technologischen Fortschritt.

Das gleiche Prinzip gilt auch für Computerfortschritte. Lange Zeit war unbekannt, wie manche Probleme zu lösen seien, aber sobald es im Ansatz gelang, ging die Entwicklung unglaublich schnell weiter, viel schneller, als irgendjemand angenommen hätte. Selbst diejenigen, die daran arbeiten oder in diese Forschungen investieren, werden regelmäßig von der Entwicklungsgeschwindigkeit überrascht. Wären vor ein paar Jahren entsprechende Experten gefragt worden, wann selbstfahrende Autos im normalen Verkehr auf den Straßen unterwegs sind, hätten sie sicherlich nicht auf das Jahr 2016 verwiesen, wo ebensolche Autos bereits Millionen von Kilometern zurückgelegt haben. Dabei ist es nicht lange her, als 2004 die Technologieabteilung des US-Verteidigungsministeriums DARPA (Defense Advanced Research Projects Agency) ihre erste »Grand Challenge« veranstaltete. Damals hieß das Ziel, ein selbstfahrendes Auto innerhalb von 10 Stunden eine Distanz von 241 Kilometern fahren zu lassen. Ausgeschrieben war ein Millionengewinn. Das Rennen fand statt in einem abgesteckten Parcours weitab jeglicher Zivilisation in der Mojave-Wüste im Westen der USA. Doch keines der angetretenen Teams gewann das Preisgeld. Am weitesten kam der Favorit: Sein Auto blieb nach 12 Kilometern im Sand stecken, nachdem es vom

Weg abgekommen war, ein Hindernis gerammt und Feuer gefangen hatte. Im Zeitraum zwischen 2004 und 2016 ist die Entwicklung also von 12 Kilometern holpriger Fahrt irgendwo in der Wüste hin zu selbstfahrenden Autos innerhalb des normalen Straßenverkehrs fortgeschritten. Eine unvorstellbare Entwicklungsgeschwindigkeit! Auch das ist ein Beispiel für die beschriebene millionenfache Steigerung.

Grenzenlose Anwendung

Zu der Null der Grenzkosten gesellt sich das zweite Extrem der Informatik: die Universalität. Denn für Computer gilt: null Grenzkosten, aber unendliche Anwendungsmöglichkeiten. Das ist eine weitere Neuheit, die es so erst im Computerzeitalter gibt. Früher waren technische Errungenschaften immer spezifisch. Wer etwa einen Traktor besitzt, der hat eine große Hilfe bei der Feldarbeit, da der Traktor die menschliche Arbeitskraft enorm steigert. Aber ein Traktor bleibt ein Traktor, und sein spezifisches Anwendungsgebiet ist klar begrenzt. Ein Computer dagegen kann prinzipiell alles. Wir haben keine Vorstellung, wo seine Grenzen liegen könnten. Wer AlphaGo beim Go-Spielen zusieht, muss zugeben: Diese Spielweise ist kreativ. AlphaGo überlegt sich Spielzüge, spekuliert auf das Verhalten des Gegenübers und kreiert so Spielsituationen, die noch nie von einem menschlichen Spieler gespielt wurden. Das widerlegt eindeutig die häufig anzutreffende Vorstellung, dass Maschinen nicht auch kreativ sein könnten.

Durch die Computer und ihre universellen Möglichkeiten sind enorme Kräfte in unsere Hände gegeben. Die entscheidende Frage ist deshalb: Was machen wir damit? Zu welchem Zweck wollen wir diese Möglichkeiten einsetzen? Denn es lauern innerhalb dieser Möglichkeiten auch Gefahren: Zerstreuung, Ablenkung – das Ende der Knappheit erfordert von unserer Psyche, sich neuen Herausforderungen zu stellen. So können wir zum Beispiel endlos Katzenvideos anschauen. Das mag in gewissem Sinne lustig sein, ist aber auch problematisch, denn Computer sind Meister darin, dass wir unsere gesamte Zeit vertrödeln. Das Perfide daran ist, dass jeder genau die Videos bekommt, die er gernhat. Wie wunderbar, könnte man meinen, aber so kann unsere gesamte Aufmerksamkeit aufgesaugt werden und wir finden uns im endlosen Kreislauf von ablenkenden Videos wieder. Zudem steigert diese Verfügbarkeit der Zerstreuung die Manipulierbarkeit von Menschen. Hier stellt sich wieder die Frage: Wie wollen wir darüber denken und damit umgehen? Was lehren uns Erfahrungen aus der Vergangenheit? In der Weltgeschichte gab es bereits ähnlich große Transformationen wie diejenige, in welcher wir uns aktuell befinden. Eine davon ist der Umbruch vom nomadischen Leben zur sesshaften Gesellschaft, die »neolithische Revolution«. Auch hier waren neue Technologien wie Ackerbaumethoden und Hausbautechniken die maßgeblichen Treiber. Das Muster ist ähnlich: Technologien begünstigen den Fortschritt, aber sie geben nicht vor, wie damit umzugehen ist. Die Technik selbst hat keinen eigenen Willen, aber sie ermöglicht, dass viele neue Ideen erst umsetzbar werden.

Wir stehen aktuell wieder vor einer herausfordernden Transformation und haben bisher kaum Ideen für ein entsprechendes Sozialsystem entwickelt, welches uns mit diesen gewaltigen Neuheiten umgehen lässt. Daran müssen wir dringend arbeiten. Beim Übergang hin zur sesshaften Agrargesellschaft hat es sehr lange gedauert, bis politische Lösungen gefunden wurden, damit die Menschen damit umgehen konnten und soziale Sicherheit hergestellt war.

Beim zweiten gewaltigen Übergang, der Industriellen Revolution, als technologische Industriemaschinen die herrschende Subsistenzwirtschaft zunehmend aufbrachen und ersetzten, wurde dieser Umbruch wieder nicht zum Wohle aller gestaltet. Die Menschen hatten nun ihren Arbeitsplatz in der Fabrik, verloren aber ihre soziale und häufig auch familiäre Anbindung und waren auf Gedeih und Verderb auf ihre Arbeitgeber angewiesen.

Gegen Ende des Agrarzeitalters hatten alle politischen Herrscher große Ländereien. Damals war mehr Land gleichbedeutend mit mehr Macht. Deswegen waren die Anforderungen an die Industrie zunächst vor allem, mithilfe der neuen Möglichkeiten größere Waffen und Kriegsschiffe zu bauen, damit sie sich dadurch mehr Land sichern konnten. Profitiert haben von dieser Industrialisierung deswegen nur wenige und der Übergang ist insgesamt sozial miserabel verlaufen – mit Revolutionen, Hungersnöten und Kriegen.

Der sozial unzulängliche Umgang mit dem Übergang scheint sich zu wiederholen. Damals kamen die Politiker vom Land und strebten hauptsächlich die Gewinnung von mehr Land an. Die heutigen Entscheider kommen von der Industrie und vom Kapital her und versuchen, davon zu retten, was zu retten ist, anstatt das Neue, Zukünftige zu erfinden oder zumindest Freiräume für die erforderlichen Innovationen zu schaffen. Die Frage ist deswegen: Können wir ihnen wirklich das Feld überlassen? Oder müssen wir nicht besser die Bühne für uns beanspruchen, für eine neue, zukunftsgewandte Sozialgestaltung und Politik?

Diese Fragen bringen auch große Chancen mit sich, weil die Computerentwicklung ganz neue Möglichkeiten eröffnet. Auch hier liegen, wie oben gezeigt wurde, fundamentale Unterschiede gegenüber allem vor, was bisher in der Weltgeschichte möglich war. Wir müssen als Menschheit jetzt entscheiden, welche Rolle wir unter diesen veränderten Bedingungen spielen wollen. Man kann einwenden, dass der Wandel dauern wird. Vor dem Zusammenbruch der New Economy dachten alle, dass Zeitungen mit dem Auftreten von Webbrowsern anderntags verschwunden sein würden. Nun hat es fast 20 Jahre gedauert, bis Zeitungen ernsthafte Konsequenzen spüren. Aber dafür sind die Konsequenzen so grundlegend, dass es viele Zeitungen heute schon nicht mehr gibt. Hierin liegt erneut ein Muster: Wir überschätzen zwar die Veränderungsgeschwindigkeit, aber den Grad der Veränderung unterschätzen wir.

Als der hier abgebildete Maya-Tempel in Uxmal auf Yukatan in Mexiko gebaut wurde, gehörten die Erbauer zu einer der am weitesten entwickelten Kulturen und Gesellschaften der Welt. Aber obwohl die Mayas eine hervorragende Mathematik entwickelt hatten, schon früh die Null einführten und über exzellente astronomische Kenntnisse verfügten, verlor die Kultur an einem bestimmten Punkt ihre Fähigkeit, sich weiterzuentwickeln, und verschwand nach dramatischem

Niedergang. Aber warum? Die Mayas standen vor einer Reihe von Problemen, für die sie keine Lösungen fanden. Ihnen setzten Dürreperioden existenziell zu, und als feindliche Invasoren kamen, waren diese ihnen technisch weit überlegen.

Kann uns das ebenfalls drohen?

Auch heute gibt es solche Tempel. Sie stehen in großen Städten. Man könnte sie Tempel des Kapitalismus nennen. Sie stehen sinnbildlich für die hoch entwickelte Wirtschaft unserer vernetzten Welt. Gleichwohl bedrohen uns auch heute Probleme, für die wir bisher keine Lösungen gefunden haben. Hierauf müssen wir dringend unsere Aufmerksamkeit lenken und technische Lösungen entwickeln, damit wir der Probleme Herr werden. Das größte dieser Probleme zeigt sich im massiven Wandel des globalen Klimas. Noch immer verwenden längst nicht genügend Menschen annähernd genug Zeit dafür, sich darauf zu konzentrieren. Warum können wir das nicht ändern, wenn es uns doch alle angeht?

Vor uns steht eine potenziell grandiose Zukunft, ermöglicht durch die fantastischen Technologien, die mit Null-Grenzkosten und universeller Einsetzbarkeit arbeiten. Der Eintrittspreis für diese Zukunft aber ist, dass wir jetzt ein System entwickeln, das uns nicht an den Abgrund führt, an welchem vor uns zum Beispiel die Mayas oder andere frühere Hochkulturen gescheitert sind, sondern Möglichkeiten aufzeigt, wie mehr Menschen sich aktiv an den wesentlichen Herausforderungen beteiligen können, welche unsere Menschheit bedrohen. Aus diesem Grund ist die Frage nach der Sozialrevolution heute so wesentlich für unsere Zukunft.

Zukunftsweisend ist beispielsweise die Debatte um ein bedingungsloses Grundeinkommen, da es die Sicherstellung der Grundbedürfnisse von der Arbeit trennt. Könnten wir damit bewirken, dass mehr Aufmerksamkeit und Arbeit in die Rettung des Planeten fließt? Dann sollte es möglichst bald eingeführt werden, denn die Entwicklungsgeschwindigkeit der Technik wird weitergehen und voraussichtlich zunehmen. Schon heute ist die Automation weit fortgeschritten und birgt Potenzial für noch viel mehr intelligenten Maschineneinsatz. Aber gerade das beunruhigt die Menschen, wodurch sich Maschinen als soziales Problem erweisen. Dabei sind Maschinen ein Grund und Ausdruck für gesellschaftlichen Fortschritt und sollten nicht zu unseren Konkurrenten werden. Wenn es gelingt, Menschen durch Maschinenarbeit freizustellen, werden sie schnell etwas Besseres zu tun finden, denn den meisten Arbeitsplätzen werden wir nicht nachtrauern. Aber hierfür müssen unsere Grundbedürfnisse ökonomisch befriedigt sein.

Die zentrale Frage ist heute die Frage nach Aufmerksamkeit. Womit verbringen wir unsere Zeit? Es gibt viel bessere Dinge, mit denen wir unsere Zeit verbringen können, als die meiste bestehende Arbeit. Wenn Menschen in einer Versicherung Formulare vor- und zurückschieben und auswerten – wäre es nicht gut, wenn das eine Maschine übernimmt? Die Zeit dieser Menschen könnte besser eingesetzt werden. Aber solange die Menschen nicht wissen, wie sie ihr Essen, ihre Kleidung und ihre Miete bezahlen, ohne dass sie arbeiten, sind sie nicht frei. Genauso lange aber können sie auch nicht frei entscheiden. Und nur freie Entscheidungen sind gute Entscheidungen. Deswegen sehen wir heute überall faule Kompromisse. Die Menschen müssen häufig einer Arbeit nachgehen, die ihnen keine Freude bereitet. Diese Arbeit finden sie in Städten, in denen sie eigentlich nicht leben wollen, und sie müssen aus diesen äußeren Umständen heraus sogar manchmal mit Partnern zusammenleben, welche sie lieber verlassen würden. Das alles sind schlechte Entscheidungsgrundlagen.

Damit sich das ändert, müssen wir den individuellen Entscheidungsspielraum erhöhen, zum Beispiel dadurch, dass alle die Garantie haben, dass das nötige Einkommen für die Grundbedürfnisse zur Verfügung steht. Diese Sicherheit würde helfen, die globalen Herausforderungen besser anzugehen.

Noch gibt es kein kollektives Einvernehmen darüber, was unsere gemeinsamen Ziele sind. Doch diese Debatte ist entscheidend, denn die Erfindungen folgen den Zielvorgaben. Auch weil wir vor 35 Jahren intensiv von selbstfahrenden Autos geträumt haben, sind sie Wirklichkeit geworden. So müssen wir den Dialog über gemeinsame Ziele jetzt forcieren, um zu entscheiden, welche technologischen Erfindungen wir in Zukunft brauchen, wie wir sie einsetzen und wie wir sie regulieren wollen. Dann wird auch klarer werden, welche sozialen Erfindungen wir für die Zukunft brauchen. Zudem lenkt die Frage nach unseren gemeinsamen Zielen unsere Aufmerksamkeit auf die wesentlichen Dinge, zum Beispiel auf den Klimawandel. Optimistisch betrachtet ist es noch nicht zu spät, etwas zu tun, nur müssen wir sehr viele neue Ideen generieren, um die drängenden Aufgaben anzugehen. Wir haben mehr Chancen, diese neuen Ideen zu generieren, wenn mehr Menschen Zeit haben, daran zu arbeiten und bei der Bewältigung dieser großen Fragen mitzuhelfen. Mit einem bedingungslosen Grundeinkommen wäre diese Voraussetzung geschaffen.

DAS NÄCHSTE MASCHINENZEITALTER

Die Auswirkungen von Maschinen-Intelligenz auf unsere Wirtschaft

Erik Brynjolfsson

Eine Technologiewelle ist im Gange, welche die Verheißungen der »Science Fiction« auf einmal zu Realitäten werden lässt. Es kann jederzeit passieren, dass wir im Straßenverkehr unterwegs sind und Autos oder Lastwagen an uns vorbeikommen, die vollkommen selbstständig ohne Fahrer im gewöhnlichen Straßenverkehr fahren. Zur selben Zeit lernen Maschinen, unsere Sprache zu verstehen. Sie verstehen, was wir wollen, und erfüllen uns daraufhin unsere Wünsche. Computer schreiben einfache Texte selbst und generieren sogar neue wissenschaftliche Hypothesen, von denen manche später von Wissenschaftlern aufgegriffen und als interessante Ideen weiterverfolgt werden. Maschinen können Musik komponieren. Sie vermögen tatsächlich bereits, uns bei unseren eigenen Spielen zu schlagen – bei Poker, Go oder Schach.

Wenn wir uns die Fortschritte beim Schach anschauen, so sehen wir, dass die Menschen bis Mitte der 90er Jahre große Fortschritte gemacht haben und seither eher kleine machen. Hingegen zeigen die Fortschritte der Computerprogramme, dass seit 2003 die Computer viel schneller dazulernen als die Menschen. Aber das gilt nicht nur für Schach. Computer werden bei allen berechenbaren Tätigkeiten sehr schnell unsere Lernfähigkeit übersteigen. Ich bin überzeugt davon, dass diese Welle sich gerade erst aufbaut und noch viele Bereiche überspülen wird.

Wie schnell die Anzahl von Robotern steigt, kann folgende Grafik vor Augen führen. Der rapide Anstieg an verkauften Industrierobotern ist die Wirkung von zwei fundamentalen Entwicklungen. Erstens sinkt die Produktionszeit aller benötigten Bauteile in diesem zweiten

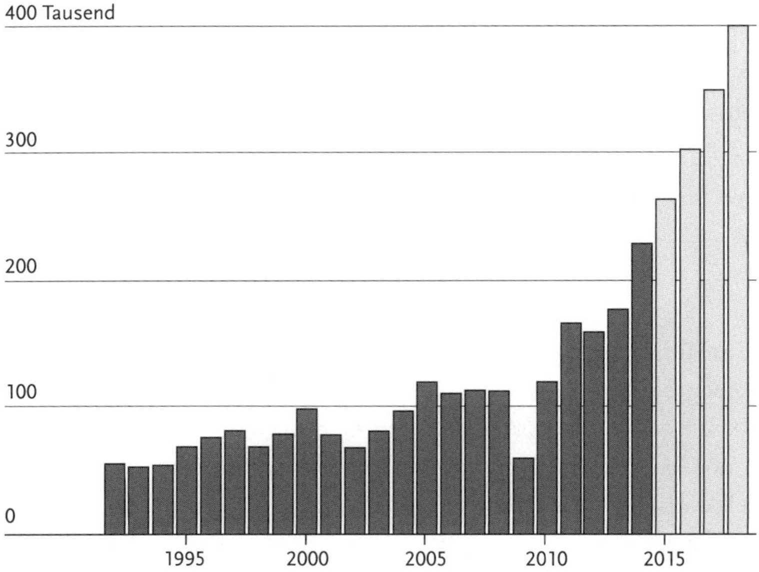

Abbildung 1: Weltweiter Verkauf von Industrierobotern
Beachten: Ab 2015 sind die Zahlen Projektionen
Quelle: International Federation of Robotics

Maschinenzeitalter kontinuierlich. Die Kosten für Datenverarbeitung, Datenspeicherung, Übertragung, Sensoren und so weiter nehmen exponentiell ab. Über die Cloud sind die digitalen Ressourcen überall auf der Welt verfügbar. Big Data wächst und lässt uns in nie dagewesenem Ausmaß Versuche durchführen und Erfindungen ausprobieren. Milliarden Menschen sind rund um den Globus digital miteinander vernetzt. Sie klopfen nicht nur an die Tür der besten Quellen für Bildung, sondern tragen selbst zu deren Quellen bei, indem sie diese ausweiten und neu zusammenführen. Damit geht einher, dass die Anzahl an Erfindern, Entrepreneuren und Computerbegeisterten global rasant zunimmt. Mit ihnen steigt die Wahrscheinlichkeit von weiteren großartigen Durchbrüchen bei Innovationen.

Der zweite Grund, warum die Welle jetzt erst richtig ansteigt, liegt tiefer. Erst vor Kurzem ist es uns gelungen, Maschinen herzustellen, die selbstständig lernen. Das ist der Grund, warum in der Öffentlichkeit so viel über »Maschinen-Lernen« und »Deep Learning« zu lesen und zu hören ist. Diese Maschinen sind weitaus leistungsfähiger als Menschen. Sie bilden einer Art von Übermenschen. Indem sie Straßenschilder lesen können, die menschliche Sprache analysieren, Kreditbetrug erkennen und jetzt auch lernen, wie man Krebs diagnostiziert, entfesseln sie eine neue Welle von Anwendungen. Ihr Lernen funktioniert so, dass sie Abertausende von Beispielen immer wieder und wieder vergleichen, wobei sie die entscheidenden Muster ausfindig machen und diese dann auf das anwenden, was ihnen neu zugeführt wird.

Was bedeutet das für die Wirtschaft? Hier scheint ein Paradoxon vorzuliegen. Obwohl diese großartigen Technologien sich so gut entwickeln und in Zukunft weiterentwickeln werden, stagnieren die Einkommen der Mittelschicht. Das Medianeinkommen, also das Einkommen, von dem aus die Gruppe der Haushalte mit höherem Einkommen genauso groß ist wie die Gruppe von Haushalten mit geringerem Einkommen, ist in den USA und anderen entwickelten Ländern in Europa und Japan niedriger als 1990. Sogar die Lebenserwartung sinkt für weiße arbeitende US-Amerikaner. Wie ist das möglich?

Zwar macht der digitale Fortschritt den Kuchen der Wirtschaft in der Tat größer, aber es gibt kein ökonomisches Gesetz, dass davon automatisch alle oder überhaupt mehr Menschen profitieren würden. Der technologische Fortschritt kann sehr einseitig ausfallen, sodass er den Kuchen zwar insgesamt anwachsen lässt, aber manche Menschen dennoch schlechter dran sind als zuvor.

Zeitalter des Überflusses

Als vor 100 Jahren die ersten Vorboten der technologischen Errungenschaften Einzug hielten, wurde nur eine sehr kleine Gruppe von Menschen negativ davon beeinträchtigt, während die meisten davon profitierten. Heute hat sich das Verhältnis umgekehrt: Von der Bevölkerung werden 80 Prozent oder mehr nicht am ökonomischen Zuwachs beteiligt. Das ist ein großer Wandel. Dieser lässt sich grafisch folgendermaßen darstellen.

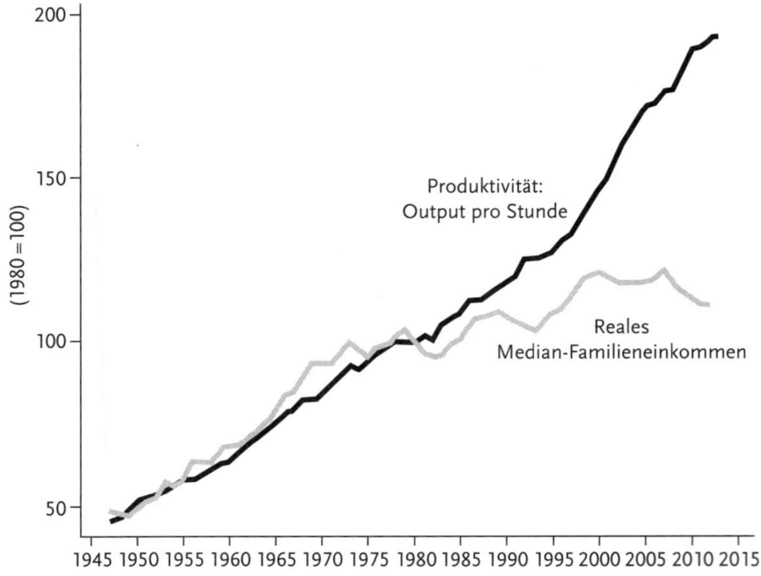

Abbildung 2: Produktivität und Medianeinkommen in den USA

Andrew McAfee und ich nennen das die »Große Entkoppelung«, hier dargestellt an Daten aus den USA, aber das gilt gleichermaßen für andere Länder. Die schwarze Linie markiert die Produktivität oder den Output pro Arbeitsstunde. Dieser Wert ist auf einem Rekordhoch. Gleichzeitig ist das Median-Familieneinkommen geringer als vor 20 Jahren. Früher verliefen diese beiden Linien immer eng beieinander. Fast das gesamte 20. Jahrhundert verfolgten sie sich gegenseitig, wie die Grafik zeigt. Kürzlich aber wurde ihr Verlauf entkoppelt. Der Durchschnittsbürger profitiert nicht mehr vom Wachstum. Im Gegenteil, die meisten Gewinne gehen an die ganz kleine Gruppe der oberen 1 Prozent und an das 1 Prozent der oberen 1 Prozent – an die sehr Reichen und die Superreichen.

Das verärgert die Menschen. In Europa zeichnet sich in verschiedenen Ländern Aufruhr ab, und der US-Wahlkampf von 2016 zeigte, wie die radikalen Positionen in der Politik zunehmen.

Was sollen wir unternehmen?

Es steht eine große Herausforderung ins Haus. Die digitalen Entwicklungen werden sich weiter beschleunigen, während unsere Fähigkeiten, Organisationen und Institutionen in ihrem Können zurückbleiben. Es gibt eine Lücke zwischen dem, was die Technologien leisten, und dem, was Manager, Ökonomen und politische Entscheidungsträger tun. Es fällt uns schlichtweg schwer, uns an diese Maschinen zu gewöhnen. Wenn wir aber nichts verändern, wird die Entkoppelung immer größer. Deswegen müssen wir unsere Organisationsformen, unsere Institutionen und die Art und Weise, wie wir unsere Fähigkeiten schulen und uns bilden, dringend neu erfinden. Wenn uns das gelingt, können wir diese große Herausforderung angehen. Aber dafür müssen wir ein neues Wirtschaftssystem erfinden, ähnlich wie die Technologien neue, leistungsfähigere Roboter und Maschinen hervorgebracht haben, die Schach spielen und Krebs diagnostizieren können.

Am Ende entscheidet nicht die Technologie, wer reich ist und wer arm oder ob das Medianeinkommen steigt oder fällt. Letztlich entscheiden wir das. Somit hängt unser Schicksal nicht von den Technologien ab, sondern von unseren Werten. Wie wir das bewerkstelligen, ist noch nicht geklärt.

Finanzielle Sicherheit

Ob ein Grundeinkommen eine Lösung sein kann, hängt von vielen Faktoren ab. Auf lange Sicht werden wir aber eine finanzielle Grundsicherung für die Menschen benötigen, denn irgendwann werden die Roboter so effizient sein, dass sie Essen, Kleidung, Unterkunft und großen Wohlstand im Überfluss erzeugen können. Es ist eine sehr optimistische Weltsicht, aber wenn ich 50 oder etwas weniger Jahre in die Zukunft blicke, wird ein Grundeinkommen weit verbreitet sein.

Heute, im Jahr 2016, ist dies nach meinem Verständnis nicht die richtige Antwort. Wir leben noch nicht in einer Welt, in der ein so großer Produktionsreichtum vorhanden ist, dass wir einfach für die Bedürfnisse von allen Menschen bezahlen können, ohne dass sie dafür arbeiten.

Voltaire hatte eine grandiose Einsicht, welche es etwas grundsätzlicher ausdrückt: Arbeit bewahrt uns vor drei Übeln: der Langeweile, dem Laster und der Not. Ein Grundeinkommen bewahrt uns nur vor einem dieser drei Übel. Es schützt uns vor der Not, und das ist sehr wichtig. Aber Arbeit bedeutet mehr als nur ein finanzielles Einkommen. Es gibt den Menschen Inhalt im Leben, sie beteiligen sich an der Gesellschaft. Die Arbeit wurde in den vergangenen Jahrhunderten der zentrale Ort, an welchem Menschen in Austausch treten. Die Forschungen von Robert Putnam[1] und anderen legen nahe, dass Menschen nicht sehr glücklich werden, wenn man ihnen die Arbeit wegnimmt und einfach Geld gibt. Häufig haben wir diesbezüglich falsche Annahmen, weil wir den Wert der Arbeit unterschätzen.

Heutige Erwerbsarbeit aber wird abnehmen. Deswegen brauchen wir einen Plan, wie der Übergang in die neue Zeit zu schaffen ist. Es wird Jahrzehnte oder länger brauchen, bis sich die Menschen darauf einstellen und sich in einer neuen Gesellschaft wohlfühlen, in welcher der Arbeit weniger Gewicht beigemessen wird.

Wir müssen die Bildung in den Blick nehmen, allgemeine Lohnzuschüsse prüfen und andere Wege finden, den Menschen beizustehen. Das kann ein Übergangsweg sein, der irgendwann zu einem Grundeinkommen führt. Was es aber bis zu einer Einführung braucht, sind Experimente und Studien. Noch weiß keiner, was ein Grundeinkommen bedeuten würde. Das sollten wir ausprobieren, weil wir keinen genauen Wissensstand haben, wie sich Menschen verhalten würden. Solange wir aber hierzu keine Versuche unternehmen, wird sich die Lage nicht ändern. Während der Versuche können wir Erfahrungen sammeln und Anpassungen vornehmen.

1 Robert D. Putnam ist Politikwissenschaftler und Professor in Harvard. Bekannt sind seine einflussreichen Forschungen zur US-Gesellschaft.

Zukunftsangst vs. Zukunftsfreude

Die grassierende Angst, die aktuell umgeht, dass alle Menschen ihre Arbeitsplätze verlieren werden und ausschließlich computerverrückte Geeks sicher sind vor der technologischen Disruption, weil sie diese mitgestalten – diese Vorstellungen scheinen übertrieben. Es wird viele andere Wege geben, sich erfolgreich in die neue Wirtschaft einzubringen. Roboter sind keine guten Kreativarbeiter. Ihre zwischenmenschlichen Fähigkeiten sind schlecht. Als Coach sind sie nicht zu gebrauchen. Roboter-Lehrer habe ich noch keine gesehen. Unsere Kleinkinder werden nicht von Robotern aufgezogen. Roboter können uns nicht zu etwas überreden, sie sind schlechte Verkäufer. Daraus ergibt sich ein großer, bunter Strauß an Arbeitsmöglichkeiten, welche keine vertieften Computerkenntnisse erfordern, sondern vielmehr emotionale Zusammenhänge und zwischenmenschliche Kompetenzen brauchen. Sicherlich wird es nicht ganz einfach, herauszufinden, welche Arbeitsplätze genau zunehmend gebraucht werden und welche wegfallen. Auch deswegen habe ich Sorgen, ob wir den Übergang reibungslos vollbringen können.

Für viele Unternehmen wird es eng und fraglich, ob sie es schaffen, sich für die Zukunft neu aufzustellen. Deswegen wird es manche große Firmen, die wir heute für quasi unverwundbar halten, in Zukunft nicht mehr geben. Es ist sehr schwierig, die Transformation der Digitalisierung zu meistern. Das passiert nicht einfach so. Es braucht neue Wege, um Datenmaterial in Entscheidungen miteinzubeziehen. Hierin sind junge Start-ups häufig besser und schneller. Damit können sie die Marktmacht von großen Industrien beenden und sich langfristig sogar durchsetzen. Das ist wie David gegen Goliath – der agile Zwerg gegen den starren Riesen.

Aber manche großen Unternehmen haben die Herausforderung erkannt und angenommen. Sie versuchen mit aller Macht, die Transformation zu schaffen. Offensiv stellen sie sich den neuen Entwicklungen, aber es scheint für große Unternehmen schwieriger zu sein, neue Wege einzuschlagen, weil sie auf altem Wege bereits erfolgreich waren. Sie müssen erst diese alten, erfolgreichen Wege hinter sich lassen, wogegen sich in der Firma Widerstand regt. Das benachteiligt häufig die erfolgsverwöhnten Firmen gegenüber den kleinen Startups.

Insgesamt wird es ein langwieriger Übergang – bei der Erfindung der Dampfkraft und der Elektrizität hat es Jahrzehnte gedauert, bis sich die Gesellschaft positiv in der neuen Zeit eingefunden hatte. Auch diesmal wird es als ein fortlaufender Prozess mindestens zehn oder zwanzig Jahre dauern.

Beim Voraussagen der Zukunft scheint es ironischerweise einfacher, in die weit entfernte Zukunft zu blicken, als den Übergang präzise zu beschreiben.

In ferner Zukunft, wenn die Roboter die meiste Arbeit übernommen haben werden, könnte unsere Gesellschaft einem »digitalen Athen« gleichen. Hier könnten wir uns auf Philosophie, Poesie, Spiel und Sport sowie zwischenmenschliche Beziehungen konzentrieren. Die Maschinen werden unsere Grundbedürfnisse selbstständig befriedigen.

Was aber zwischen heute und dann passiert, könnte sehr ungünstig ausfallen. Es könnten sich Demagogen gegen Menschen profilieren, die von der gesellschaftlichen Norm abweichen, Revolutionen könnten wahrscheinlicher werden, die Gefahr von Gewalt könnte stark ansteigen und es könnten große Unternehmen ins Stolpern geraten und von der Bildfläche verschwinden.

Sowohl unser Wirtschaftssystem als auch unser politisches System passen sich nicht schnell genug der neuen Welt an. Das aber muss passieren. Wir müssen hier dringend aufholen oder im Idealfall sogar dem Wandel ein Stück voraus sein. Wenn es nicht gelingt, alle Kräfte zu bündeln, um diese Disruption zu verstehen, wird es sehr schmerzhaft. Schon frühere Umwälzungen zeigen retrospektiv, wie grauenvoll ihre Effekte für einen Großteil der Menschen ausfielen, aber die bevorstehende Disruption ist die wohl größte, welche es in der Geschichte der Menschheit je gegeben hat.

Mir scheint, die Techniker leisten gute Arbeit, um uns zu erklären, was technologisch auf uns zukommt, aber Wirtschaftswissenschaftler, Manager und politische Entscheider versagen bisher kläglich, diesen Übergang zu verstehen und adäquate soziale Antworten zu finden. Hier braucht es wesentlich mehr Forschung, wie zum Beispiel Experimente mit einem bedingungslosen Grundeinkommen. Wir müssen es schaffen, der neuen Welt ein Stück voraus zu sein und uns darauf vorzubereiten. Ansonsten werden die Umwälzungen sehr schwierig werden.

CHANCEN EINER DIGITALEN ÖKONOMIE

Wie Soziales und Digitales voneinander profitieren

Dirk Helbing

Wir befinden uns inmitten einer digitalen Revolution. Diese große Transformation kann man auch als *perfect storm* beschreiben: Plötzlich sind sehr viele neue digitale Technologien allgemein verfügbar – die Cloud, Big Data, künstliche Intelligenz, Cognitive Computing, Roboter, Internet der Dinge oder auch die Blockchain-Technologie. All dies kreiert völlig neue Möglichkeiten. Viele Industriezweige sowie gesellschaftliche und politische Institutionen sehen sich gezwungen, neu zu denken und sich neu zu organisieren. Die rasant voranschreitenden Technik- und Internetunternehmen geben die Geschwindigkeit vor. Zum Beispiel plant Uber für die Zukunft mit autonomen Fahrzeugen und testet bereits die ersten Autos ohne Fahrer. Das wird einen großen Umbruch mit sich bringen. Unsere heutige Mobilität kann Berechnungen zufolge dank smarter Daten mit 15–20 Prozent der vorhandenen Fahrzeuge bereitgestellt werden. Man wird mittelfristig keine Taxifahrer und keine LKW-Fahrer mehr brauchen. Überhaupt wird die Notwendigkeit des privaten Autobesitzes fraglich. Für die geringe Anzahl intelligent vernetzter Autos braucht es weniger Straßen, weniger Garagen, Parkplätze, Verkehrspolizisten und so weiter. Das zieht massive Veränderungen in der gesamten Gesellschaft nach sich.

Mittlerweile ist die Entwicklung von künstlicher Intelligenz weit vorangeschritten – Computer verstehen Sprache und Muster genauso gut, wie Menschen dies können. Viele Aufgaben können jetzt maschinell übernommen werden. Das betrifft grundsätzlich alles, was prozedural abgewickelt wird, zum Beispiel die Verwaltung. Sie könnte im Prinzip jetzt schon durch Algorithmen erledigt werden. Deswegen sprechen diverse Zukunftsforscher davon, dass etwa 50 Prozent der heutigen Arbeitsplätze in den kommenden 10–20 Jahren verloren gehen werden.[1] Vorerst klingt das, als bliebe noch viel Zeit, aber laut Expertenmeinung großer Technologieunternehmen werden sich schon in den nächsten zwei bis vier Jahren die Probleme am Arbeitsmarkt zuspitzen. Es braucht also wirtschaftliche, gesellschaftliche und politische Lösungsvorschläge, damit diese digitale Transformation zum Vorteil aller gelingt. Das ist durchaus möglich. Aber wir müssen die halbe Volkswirtschaft neu erfinden. Wir befinden uns in einer neuen Gründerzeit – der Gründung der digitalen Zukunft. Die Überbleibsel der Gründerzeit aus dem 19. Jahrhundert manifestieren sich in Bauwerken, die damals »für die Ewigkeit« entstanden. Heute sind es digitale, fluide Manifestationen, die sich jederzeit wieder ändern können. Sie haben keinen festen Ort und sind zugleich universell verfügbar.

Die genannten Entwicklungen eröffnen völlig neue Möglichkeiten, und keiner weiß im Einzelnen, wie unsere wirtschaftliche Zukunft und die neue Arbeitswelt aussehen werden. Deswegen brauchen wir ein Umfeld, das gesellschaftliche Anpassungsfähigkeit und Resilienz gewährleisten kann. Die Menschen sollten sich nicht vor der Zukunft fürchten müssen, da sonst Populismus um sich greift, was am Ende zu politischer Instabilität führt. Vielmehr braucht es Rahmenbedingungen, die den Menschen erlauben zu experimentieren, um neue Geschäftsmodelle, Produkte und Services zu erfinden und zu entwickeln. Dafür ist eine Grundsicherheit notwendig. Insgesamt stimmen die Zeichen derzeit zuversichtlich. Wir können die großen Herausforderungen bewältigen, sodass wir am Ende in einer neuen, besseren Gesellschaft leben.

Oft kommt die Frage auf, was Menschen von Robotern noch unterscheiden wird. In den kommenden Jahren werden Kreativität und Empathie die wichtigsten Unterscheidungsmerkmale zwischen

1 Vergleiche Carl Frey und Michael Osborne: The Future of Employment: How Susceptible Are Jobs to Computerisation? 2013; sowie Michael Chui, James Manyika und Mehdi Miremadi: Four Fundamentals of Workplace Automation. 2015.

Mensch und Maschine sein. Die Frage ist, für wie viele Jahre oder Jahrzehnte das noch der Fall sein wird. Aber Angst ist unbegründet. Die Maschinenarbeit eröffnet uns die Möglichkeit, in Zukunft interessantere Aufgaben wahrzunehmen als jene, die wir heutzutage oft erledigen müssen. Die großen Themen heißen zukünftig Innovation, Personalisierung, Individualisierung, aber auch Kooperation, Vernetzung, Ko-Kreation – das sind sozial sehr positive Aussichten. Allerdings müssen wir die dazu nötigen Fähigkeiten noch viel stärker entwickeln. Insofern gilt: Schauen wir mit Optimismus in die Zukunft und gestalten sie zu unseren Gunsten.

Vertrauensgesellschaft

Die größere globale Herausforderung ist der Klimawandel. Wie viel Zeit bleibt uns noch, diese Bedrohung abzuwenden? Anzunehmen ist, dass die Dinge sich viel schneller ändern, als wir uns das aktuell vorstellen. Wir müssen tatsächlich aufs Gaspedal drücken – allerdings auf ein digitales. Einerseits, weil es globale Konkurrenz gibt im Digitalisierungsprozess und damit das Tempo vorgegeben ist, andererseits, weil wir entscheidende Herausforderungen bewältigen müssen, vor denen die Menschheit steht. Wir sollten uns nicht von digitalen Technologien distanzieren. Sie bieten viele Möglichkeiten, die wir in Zukunft brauchen werden, weshalb wir heute den Anschluss daran nicht verlieren sollten. Wir brauchen eine Transformation unserer Wirtschaft zu einer mit sehr geringem CO_2-Ausstoß, einer *low carbon economy*. Wir müssen schädliche Klimaveränderungen mit aller Kraft reduzieren. Nur wenn uns das gelingt, gibt es überhaupt eine Zukunft für die Erde. Außerdem müssen wir dringend einen besseren Umgang mit unseren Ressourcen pflegen und unsere Wirtschaft in eine Kreislaufwirtschaft umbauen. Hierbei kann uns der Umstand helfen, dass Arbeitskräfte durch Automatisierung und Digitalisierung frei werden, um diese Transformation zu bewältigen. So bietet technologische Entwicklung eine doppelte Chance. Dafür braucht es aber die aktive Unterstützung der Bevölkerung. Es ist wichtig, dass wir in der digitalen Wirtschaft und Gesellschaft Möglichkeiten für jeden schaffen; es braucht eine Mitmach-Gesellschaft, eine Vertrauensgesellschaft. Entscheidend hierfür ist, *wie* man die digitalen Technologien einsetzt. Hierfür gibt es verschiedene Möglichkeiten. Wenn die digitalen Technologien falsch eingesetzt werden, könnten wir in eine totalitäre Gesellschaft abrutschen. Das wollen wir nicht. Deswegen ist eine öffentliche Debatte und eine Zusammenarbeit aller Gruppen der Gesellschaft erforderlich – zwischen Politikern, Unternehmern, Wissenschaftlern und der Bevölkerung.

Auch hierbei können die positiven Effekte der digitalen Welt helfen. Anstelle einer zentralen Kontroll- oder Leitstelle ermöglichen sie dezentrale Herangehensweisen, zum Beispiel mittels *Crowd Sourcing*. Hierbei erhebt die Crowd die Daten und wertet sie aus, also viele dezentral arbeitende Menschen oder Datensammelpunkte. Dadurch können wir unseren Planeten neu vermessen, unser Sozialverhalten präziser analysieren und mehr Bewusstsein für die Bedeutung unserer Umwelt generieren. Auf diese Weise werden wir uns klarer werden über die Probleme, aber auch über die Lösungsmöglichkeiten. Wir werden lernen, mit der Umwelt, aber auch miteinander besser umzugehen und kulturelle Hürden zu überwinden. Geräte wie Smartphones – wie auch immer sie in Zukunft aussehen mögen – werden uns dabei unterstützen. Es wird eine Art Informations-Innovations-Produktions- und Service-Ökosystem entstehen, in dem unsere Umwelt und wir und auch künstliche Intelligenzsysteme integriert sind und alles mit allem zusammenwirkt.

Eine der hierfür notwendigen Fähigkeiten ist, die digitalen Technologien aktiv gestalten zu können, eventuell auch programmierend. Das wird in Zukunft so wichtig sein wie das Sprechen einer Fremdsprache. Heute sind in der Forschung die Naturwissenschaften leitend. Sie werden weiter relevant bleiben, aber wir werden zunehmend zum »personalisierten Lernen« übergehen, bei dem Computer die Lernstärken und -schwächen analysieren und uns entsprechend fördern. Personalisiertes Lernen wird deshalb erforderlich, weil wir kreativer sein müssen. Wir müssen in der Lage sein, uns besser zu spezialisieren und auszudifferenzieren, um unsere eigenen Ideen und Geschäftsmodelle in Kooperation mit anderen zu entwickeln und umzusetzen. Soziale Kooperationsfähigkeit wird stark gefragt sein. Es wird wichtig sein im Sinne einer Aufklärung 2.0, der digitalen Aufklärung, Informationen zu finden und kritisch zu bewerten. Es braucht eine neue Mündigkeit, die digitale Mündigkeit. Nicht allein Durchsetzungsfähigkeit wird wichtig sein, sondern die Fähigkeit, sich anzupassen an Veränderungen in der Wirtschaft, in der Gesellschaft. Das geht einher mit der Bereitschaft, lebenslang ständig dazuzulernen. Das sind nur einige Stichworte, mit denen wir uns befassen müssen und an die wir unsere Ausbildungseinrichtungen entsprechend anpassen sollten. Denn wo kann das Skizzierte heute schon gelernt werden?

Während die technischen Möglichkeiten schon allgegenwärtig sind und sich alle paar Jahre in ihrer Leistungsfähigkeit verdoppeln, hinken die Institutionen hinterher. Wo die Zukunft vorbereitet wird – in Schulen, Hochschulen, Forschungseinrichtungen –, da müssen die neuen Fähigkeiten gelernt werden können, was heute noch selten der Fall ist.

Ebenso entscheidend wie die Ausbildung neuer Fähigkeiten wird es sein, gesellschaftlich richtige Ziele zu identifizieren. Man spricht heute im Zusammenhang mit Big Data viel über *forecasting* und *predictive analytics*, also über die Vorhersage der Zukunft mithilfe von Analyse. Die Japaner machen das andersherum: Sie engagieren sich in *backcasting*. Sie überlegen sich, wo sie als Gesellschaft in 10 oder 20 Jahren sein möchten und wie sie mit den aktuellen und den in Zukunft verfügbaren Technologien dorthin kommen können. Wie können wir also digitale Technologien nutzen, um unsere Ziele zu erreichen? Dafür müssen wir erst klären, was das für Ziele sind. Sonst lassen wir uns von den Technologien treiben. Erst mit dem Dialog über die Ziele können wir entscheiden, wie wir die Technologie entsprechend einsetzen wollen.

Die Gesellschaft, die Politik und die Wirtschaft müssen sich mit den Zukunftsszenarien befassen. Radikale Vorschläge zu den radikalen Veränderungen müssen erörtert werden. Wie schaffen wir Freiräume für Kreativität und wie gelingt den Menschen eine Anpassung an die neuen Verhältnisse?

Schon heute zeigen sich zum Beispiel in den USA bemerkenswerte Entwicklungen. Der dortige Kongress hat sich für »Citizen Science«, also für Bürgerwissenschaft ausgesprochen, weil man festgestellt hat, dass eine viel breitere Basis für Innovation nötigt ist. Bei Citizen Science wird an den Forschergeist von Bürgern appelliert und Laien werden aktiv in Forschungsarbeiten einbezogen. Barack Obama hat zudem dazu aufgerufen, die USA in eine »Nation of Makers« zu verwandeln, das heißt in eine Nation von Tüftlern, Bastlern und Erfindern. Das mobilisiert die Menschen *bottom-up* und bindet sie in die gesellschaftlich-ökonomische Innovation ein. Man hat offensichtlich die Zeichen der Zeit erkannt. Diese Entwicklungen brauchen wir auch in Europa.

Finanzsystem 4.0

Einige Ideen für das, was wir in Europa erreichen könnten, haben wir bereits. Eine kurze Skizze mag das verdeutlichen. Beispielsweise können wir nun mit dem Internet der Dinge die externen Effekte von Interaktionen zwischen Individuen, Unternehmen und Umwelt messen: negative Externalitäten wie Lärm, Stress, Emissionen und Abfall, aber auch positive wie Kooperation und Zufriedenheit. Den Externalitäten könnte durch entsprechende Marktmechanismen ein Preis oder Wert zugeordnet werden; verschiedene Externalitäten könnten durch verschiedene Währungen repräsentiert werden, die wir entwickeln könnten und die das heutige Geldsystem ergänzen würden.

Mit Externalitäten ließe sich also Geld verdienen. Damit würden differenzierte Anreizsysteme denkbar, welche die Steuerung oder Selbstorganisation komplexer Systeme unterstützen könnten. Ein Beispiel: Bei geeigneter Spezifizierung gäbe es Anreize für die Wiederverwendung von Abfall. Die Anreizsysteme müssten nur so gestaltet sein, dass Abfall teuer und Wiederverwendung gewinnbringend wäre. Damit entstünde endlich eine Kreislaufwirtschaft, die man mit politischer Regulierung und ingenieurwissenschaftlicher Planung bisher kaum in Gang gebracht hat. Ressourcen würden effizienter und mehrfach verwendet und jeder könnte sich aktiv daran beteiligen. Drohende Ressourcenkrisen könnten drastisch entschärft werden. Ähnliche Anreize könnten soziale Kooperationen, Umwelt- und Klimaschutz fördern. Durch Berücksichtigung der Externalitäten wird ein liberaler und effizienter Kapitalismus möglich, der gleichzeitig soziale und ökologische Bedürfnisse befriedigt.

Viele sprechen von einer digitalen Ökonomie und davon, dass Big Data das Öl des 21. Jahrhunderts sei.[2] So könnte Open Data eine zusätzliche Wirtschaftskraft im Wert von drei bis fünf Billionen Dollar pro Jahr entfalten.[3] Doch bisher fehlen uns die Daten dafür! Google, Facebook und Amazon werden sie uns nicht geben. Wir müssen sie selber erzeugen. Nehmen wir einmal an, wir würden alle gemeinsam (anonymisiert) mit dem Internet der Dinge unsere Umwelt vermessen, zum Beispiel mit den Dingen, die wir sowieso bei uns haben (etwa den Sensoren in unserem Smartphone), Messdaten erzeugen und diese Daten anonymisiert mit anderen teilen, also eine Art »Wikipedia für Echtzeitdaten« aufbauen. Dann würde sich vieles schlagartig ändern. Durch eine gute Aufbereitung der Daten wäre eine Grundlage für bessere Entscheidungen gegeben. Jeder könnte sein eigenes Datenbusiness betreiben – eine echte »digitale Ökonomie«. Jeder könnte mit den Daten, die er selbst bereitstellt, Geld verdienen. Das Geld würde wie bei Bitcoin von unten, also *bottom-up* erzeugt werden, allein durch die Messung der Externalitäten und die freiwillige Bereitstellung der Daten. Es entstünde neue Kaufkraft durch neue Leistung. Ein solcher Ansatz könnte ein Grundeinkommen ersetzen oder ergänzen. Er könnte auch Geld für das Gemeinwesen erzeugen – das, was heute durch Steuern bezahlt wird, die aber im Roboter-Zeitalter zunehmend wegbrechen könnten. Die

2 Vergleiche http://digitalpresent.tagesspiegel.de/warum-daten-nicht-das-neue-oel-sind

3 Vergleiche http://www.tagesspiegel.de/wirtschaft/5g-schnelle-netze-fuer-die-hauptstadt-berlin-auf-dem-weg-zur-datenmetropole/12683020.html

unbegrenzten ökonomischen Möglichkeiten der digitalen Wirtschaft könnten endlich erschlossen werden. Richtig ausgestaltet, entstünde ein offenes Informations-, Innovations-, Produktions- und Service-Ökosystem, das neue Chancen für alle bietet. Jeder könnte mit den Möglichkeiten der Vernetzung sich selbst einbringen, ohne dass einzig die üblichen Verdächtigen (Google, Amazon) die Daten für ihren Gewinn verwenden. Mit anderen Worten: Es braucht einen offenen Daten- und Innovationsmarktplatz, verknüpft mit dezentralisierter Geldschöpfung und Anreizen zum Dienst an der Gesellschaft. Es entstünde ein Finanzsystem, das darauf beruht,

a) dass jeder in einem umfassenden dezentralen Daten- und Innovationsnetzwerk Leistungen anbieten kann und dafür in multiplen Währungen bezahlt wird; und
b) dass sich Gemeinschaften (zum Beispiel Regionen) dezentral eigene Ziele setzen können sowie passende Anreize, um sie zu erreichen. Das fördert Wettbewerb, Ko-Kreation, Ko-Evolution und kollektive Intelligenz – die Erfolgsprinzipien der vernetzten Gesellschaft.

Das Potenzial eines solchen Systems wäre enorm. Erstens würde es Anreize für jeden schaffen, Innovationen voranzutreiben und damit den Wert der selbst erzeugten Währungen zu erhöhen. Zweitens würden Menschen dafür belohnt, Dienste an der Allgemeinheit zu erbringen.

Das Internet der Dinge würde es erlauben, die nötigen Daten zu erzeugen. Mit sogenannten »Smart Contracts« könnten die digitalen Währungen automatisch ausbezahlt werden, so wie es von der Gemeinschaft vorher festgelegt wurde. Damit entstünde ein Wettlauf um die besten Ziele, Lösungen und Dienste. Es entstünden wirksame Anreize und Möglichkeiten, sich für unseren Planeten und unsere Gesellschaft zu engagieren.

Noch gibt es das oben beschriebene Finanzsystem 4.0 nicht. Es braucht Forschungs- und Entwicklungsarbeit, um es aufzubauen. Bis es einsatzbereit ist, wird die Europäische Zentralbank vielleicht ein paarmal Rettungshubschrauber mit *helicopter money* schicken müssen.[4] Aber alle notwendigen Zutaten für ein Upgrade unseres Finanzsystems und unserer Wirtschaft sind jetzt schon vorhanden (namentlich das Internet der Dinge, Blockchain-Technologie und Komplexitätswissenschaft). In vielen Städten gibt es zudem bereits »Fab-Labs«, wo der Spirit verbreitet wird, dass jeder Dinge ausprobieren kann – Open Data, Open Innovation. Alle sind beteiligt und lösen gemeinsam Aufgaben. Die Zeit ist reif, packen wir es an!

4 »Helikoptergeld« steht sinnbildlich für eine Geldausschüttung, mit der neu geschaffenes Geld der Zentralbanken verteilt werden könnte. Indem es vom Helikopter abgeworfen wird, soll es an alle verteilt werden. EZB-Chef Mario Draghi nannte Helikoptergeld »ein sehr interessantes Konzept«. Vergleiche http://www.sueddeutsche.de/wirtschaft/helikoptergeld-schwedische-bank-ezb-koennte-allen-buergern-euro-schenken-1.2928464

JENSEITS DES KAPITALS

Von Dingen und Daten oder: Wie Kapitalgut zu Kulturgut wird

Georg Hasler

Seit 1994, als ich meine erste E-Mail-Adresse eingerichtet und mit einer computergesteuerten Fräsmaschine für den Geigenbau experimentiert habe, verfolge ich neben den Neuigkeiten der Technik auch regelmäßig die Entwicklung der Zinskurve. Es ist erstaunlich: Mein halbes Leben lang hat sich beides immer in jeweils eine Richtung entwickelt. Die Digitalisierung verändert nun alles immer schneller, und die Zinskurve geht hinter jedem Hügel noch etwas tiefer ins Tal hinab. Man glaubte, bei null sei Schluss. Aber die Nulllinie wurde einfach nach unten durchbrochen. Jetzt steht ein Minus davor, als würde die Wirtschaft auf dem Kopf stehen.

Wenn Zins der Preis für Kapital sein soll, so wie man das in der Schule gelernt hat, dann ist Kapital inzwischen wertlos geworden. Es gibt ein Überangebot oder keine Nachfrage mehr. Der Markt scheint den Kapitalismus gerade selbst abzuschaffen. Man könnte denken, die Welt werde nun gerechter, weil die armen Schuldner von den reichen Gläubigern nicht mehr ständig durch Zinszahlungen ausgenommen würden. Aber etwas kann an dieser Überlegung nicht stimmen, denn das Gegenteil findet statt: Während die Zinsen in den letzten 30 Jahren gefallen sind, hat sich die Differenz zwischen Arm und Reich nicht verringert, sondern dramatisch vergrößert.

Bei genauerer Betrachtung handelt es sich also nicht um das Ende des Kapitalismus, sondern nur um das Ende des Fremdkapitalismus. Geliehenes Kapital wird anscheinend nicht mehr gebraucht, sodass der mittelständische Sparer nicht mehr weiß, wohin mit seinem Geld, mit dem er für sein Alter vorsorgen wollte. Der Eigenkapitalist hingegen, das heißt der Aktionär, kann mit geringem Einsatz extrem reich werden. Es scheint sich etwas Grundsätzliches zu verschieben und die Spielregeln scheinen sich zu verändern, denn in der ganzen Industriegeschichte waren die Zinsen noch nie aus freien Stücken ernsthaft unter null und zugleich die Vermögensverteilung so ungleich wie heute.

Auf der Suche nach den Gründen scheint mir die Sicht des Technikers am interessantesten und die Analyse der Werkzeuge und Produktionsverhältnisse zum Verständnis einer Wirtschaft am aufschlussreichsten.

Eines für alles und alles für eines

Kürzlich kursierte im Netz ein Video mit dem Titel »The Evolution of the Desktop«. Auf dem ersten Bild ist ein überfüllter Schreibtisch aus dem Jahr 1975 zu sehen. Darauf stehen eine Schreibmaschine, ein Kalender, ein Globus, ein Lexikon, außerdem Atlas, Telefonbuch, Kamera, Fotoalbum, Briefpapier, Couvert, Briefmarken, Uhr, Bücher, Ordner, Gesellschaftsspiele und so weiter und so fort. Das war ganz normal damals. Die meisten können sich noch erinnern. Jedes dieser Objekte wurde irgendwo hergestellt. Die Filme und Fotos von einem Weltkonzern wie Kodak, das Lexikon vom Brockhaus-Verlag und leere Ordner von kleineren Büroartikelherstellern. Alles zusammengezählt stehen auf diesem Tisch Dinge von erheblichem Wert. Dann beginnt sich das Zeitrad zu drehen. Die Schreibmaschine wird ersetzt durch eine etwas kompliziertere Maschine mit Bildschirm, womit auch das Korrigieren von falsch geschriebenem Text möglich wird. Im weiteren Verlauf erscheint ein neues Gerät, mit dem man Briefe durch die Telefonleitung senden kann. Faxen wurde zu einem Verb wie telefonieren. Der Zauber der Digitalisierung wurde damit erstmals im Alltag erlebbar. Ein Ding wie ein Brief wird durch das Scannen in Daten verwandelt, in Lichtgeschwindigkeit versendet und irgendwo durch einen Drucker wieder zu einem Ding wie einem Brief rekonstruiert. Das war sozusagen wie »beamen«.

Kurze Zeit später, wir befinden uns schon im Jahre 1984, findet ein kulturhistorisch bemerkenswerter Wendepunkt statt. Auf dem Schreibtisch erscheint die neueste Version eines Personal Computers, der Apple Macintosh II, und auf dessen Bildschirm erscheint wiederum ein Schreibtisch, auch auf Deutsch seither Desktop genannt. Es ist eine neue Welt als Abbild der Welt. Der Notizblock verlagert sich vom Tisch in den Computer. Ebenso das Adressbuch. Und so wurden mit dem Weiterdrehen des Zeitrades immer mehr Dinge zu Daten, bis alle Objekte, die noch kurz zuvor physisch auf dem Tisch gelegen haben, in Apps verwandelt und auf dem Desktop im Bildschirm verschwunden sind. Auf dem letzten Bild im Jahre 2007 liegt nur noch ein einziges kleines Gerät mit vielen Apps auf dem Tisch. Für dieses eine Alles-Ding braucht es den Tisch eigentlich gar nicht mehr. Es passt in eine Hand und in die Hosentasche.

In der digitalen Welt bestehen sowohl das Rezept als auch die Zutaten aus demselben »Stoff«, nämlich aus Daten in Form von Bits und Bytes. Ein Film besteht aus Daten, und die Filmschneidesoftware besteht ebenfalls aus Daten. Es ist ganz egal, ob es sich um Bild, Ton, Geschichten, Haustechniksteuerung, Flugpläne oder Baupläne handelt. Alles besteht aus dem gleichen Stoff, aus Bits, die sich alle auf demselben Datenverarbeitungsgerät, genannt Computer, verarbeiten lassen. Anstelle vieler riesiger Spezialmaschinen gibt es nun eine einzige kleine Universalmaschine. Das ganze Universum der Fabriken, welche diese vielen verschiedenen Produkte auf dem beschriebenen Schreibtisch der 1970er Jahre hergestellt haben, ist überflüssig geworden. Alle diese verschiedenen Funktionen können sich in digitalisierter Form nun ein einziges physisches Universalgerät teilen.

Was für eine riesige Ersparnis! Ein Gerät ersetzt Hunderte Geräte. Und nicht nur das: Gegenüber der Dingwelt hat die Datenwelt zwei grundsätzlich neue und unvergleichbare Eigenschaften. Erstens das, was man als Null-Grenzkosten bezeichnet, dass jedes weitere Exemplar eines Fotos, Films oder einer App quasi kostenlos vervielfältigt und verbreitet werden kann. Und zweitens, dass einem diese Apps, Programme und Server viel Arbeit ersparen und folglich als mehr oder weniger intelligent bezeichnet werden können. Und genau in der Kombination dieser beiden Eigenschaften liegt der Grund, weshalb durch die Digitalisierung, anders als bei der Industrialisierung, voraussichtlich sehr viel mehr Arbeitsplätze verloren gehen als neue entstehen werden. Jedes neu erfundene digitale Produktionsmittel, welches durch seine Innovation viel Arbeit und ältere Produktionsmittel ersetzt, kann nun sofort und fast kostenlos weltweit multipliziert und eingesetzt werden. Und ganz anders als bei industriellen Systemen, die, einmal verbreitet, nur noch sehr schwer »nachzurüsten« sind, werden digitale Systeme durch »Updates« täglich verbessert.

Digital muss jedes Problem im Prinzip nur einmal gelöst werden. Kürzlich hat Google von den Tests mit selbstfahrenden Autos berichtet. Dabei sei an einer Ampel ein vor- und rückwärts fahrender Fahrradkurier, der von seinem Fixie (mit Spezialschuhen, die ans Pedal geklippt sind) nicht absteigen wollte, vom selbstfahrenden Auto nicht erkannt worden, was zum Systemstillstand führte. Interessant daran ist, dass eine solche Erfahrung, anders als bei Menschen, nur von einem einzigen Auto gemacht werden muss. Das nächste Software-Update sorgt dafür, dass alle anderen Autos ab sofort solch ein komisches Objekt als balancierenden Fahrradkurier erkennen werden.

Genau darin liegt der Charakter der digitalen Technik: Jeder weitere Nutzer kostet praktisch nichts. Im Gegenteil, er verbessert das Produkt und macht es durch den Beitrag seiner Erfahrungen, respektive durch das Abspeichern seiner Verhaltensmuster, erst intelligent. Bei diesem Beispiel wird auch klar, dass in einer digitalisierten Gesellschaft der entscheidende Faktor letztendlich der Zugang zum »Erfahrungsschatz« ist.

WhatsApp vs. WhatsDing

Wenn in industriellen Zeiten jemand ein neues Gerät erfunden hatte, zum Beispiel einen Telegrafen-Apparat, dann hatte dessen Bau und Verbreitung zwar ein paar Kuriere auf Pferden ersetzt, gleichzeitig aber ein ganz neues Arbeits- und Produktionsfeld für Tausende Mitarbeiter eröffnet. Die neuen Apparate mussten gebaut, Leitungen verlegt und nach Wunsch Verbindungen geschaltet werden. In der Digitalwelt geschah kürzlich das Gegenteil: Eine winzige Firma mit zwanzig Mitarbeitern reduzierte den besagten Apparat auf eine App, welche es dem Konsumenten erlaubt, auf seinem bereits vorhandenen Universalgerät über seine bereits bestehende Universalleitung zu telefonieren oder sogar Bilder und Texte zu versenden. In Kürze zählte jeder siebte Erdenbürger zu ihren Kunden, und die Firma namens WhatsApp wurde für 19 Milliarden Dollar an Facebook verkauft.

Wäre diese App nicht aus Daten gemacht, sondern ein Ding, also eine Art WhatsDing, wäre diese Geschichte undenkbar, denn eine Milliarde WhatsDinge ließen sich ganz einfach nicht in drei Jahren bauen und vermarkten, schon gar nicht durch zwanzig Personen. Natürlich werden jetzt unendlich viel mehr sinnlose Nachrichten versendet als noch zu Zeiten der teuren Telegramme, Faxe oder SMS. Die Null-Grenzkosten machen es möglich, dass es nun fast gar nichts mehr kostet. Die einmalige Gebühr für das AllesDing mit AllesNetz verteilt sich auf alle verschiedenen Anwendungen. Das ist hocheffizient und erklärt vielleicht, warum es immer weniger Kapital braucht und deshalb die Zinsen dafür immer weiter gesunken sind. Ein WhatsDing mit allem Drum und Dran hätte enorm viel Kapital gebraucht. Ganze Maschinenstraßen zur physischen Herstellung, Fabrikhallen, Logistik, Verkaufsläden und so weiter. Eine WhatsApp braucht das alles nicht mehr. Sie teilt sich das physische Gerät mit zweihundert anderen Apps, die jede für sich wiederum irgendwo enorm viel Kapital überflüssig macht.

Eine neue Welt

Ökonomen und Politiker klagen über eine Wirtschaft, die nicht mehr richtig wachsen will. Gemessen in Dollar mag das wohl sein. Aber man stelle sich einmal vor, man würde die gesamte Leistung sämtlicher Apps eines durchschnittlichen Smartphones ersetzen durch analoge, physische Apparate: Es müssten Räume mit unzähligen Geräten und Bibliotheken vollgestopft werden. Die Kosten und das Wirtschaftsvolumen, gemessen in Dollar, wären riesig und der Weg dahin wäre nur mit einem sagenhaften Wachstum möglich gewesen. Dieser Weg blieb uns mehr als erspart, denn in den letzten 30 Jahren kam durch den Computer nur eine einzige Neuerung hinzu, die für sich genommen nichts zu bieten hatte außer der gigantischen Fähigkeit, alle anderen Produkte zu ersetzen.

Die Geschichte, wie sich der Schreibtisch in Apps verwandelte, ist allgemein bekannt. Kodak, noch vor wenigen Jahren ein Großkonzern, musste Insolvenz anmelden, Brockhaus ist in einem anderen Verlag untergegangen, und die vielen kleinen Bürobedarfsläden sind verschwunden. Das macht aber nichts oder nicht so viel, könnte man denken, denn die Welt besteht vorwiegend nicht aus diesem Bürotisch. Flugzeuge zum Beispiel lassen sich ja nicht digitalisieren. Oder doch?

Flugzeuge können vielleicht nicht digitalisiert werden, der Flugbetrieb hingegen schon, denn einen Zentimeter neben der WhatsApp liegt die easyJet-App. Es ist ja nicht so, dass wegen der Digitalisierung jetzt Roboter im Reisebüro stehen und die Arbeit der Sekretärin nun automatisch verrichten. Automatisation hat selten mit Robotern zu tun, obwohl dieses Bild oft dafür verwendet wird. Vielmehr steht irgendwo ein ganz normaler Webserver unter der Adresse der Flugfirma. Dort kann sich jeder Passagier mit seinem AllesDing anmelden und selbst sein Ticket buchen und bezahlen. Es wird also nicht dieselbe Arbeit automatisiert, sondern die Aufgabe kann durch die Digitalisierung anders gelöst werden. Einfacher. Anstatt im Reisebüro zu warten, kann der Kunde zu Hause die Arbeit gleich selbst erledigen. Und die intelligente Art, wie der Server organisiert ist, sorgt dafür, dass das Flugzeug möglichst voll wird – und volle Flieger machen fliegen billiger. Und weil nicht nur die Reisebüromitarbeiter, sondern auch deren Schreibmaschinen, Telefone und vor allem die teuren Verkaufslokalitäten eingespart werden können, wird es noch billiger. Es wird also nicht nur Arbeitszeit, sondern auch Betriebskapital durch günstigere digitale Mittel ersetzt.

Und Flugzeuge können noch ganz anders digitalisiert werden: Wenn es lediglich darum geht, jemanden zu treffen, an einer Konferenz teilzunehmen oder etwas zu besichtigen, dann lässt sich der Flug immer häufiger durch gute Bildtelefonie ersetzen. Die Virtualisierung wird so echt und verlockend werden, dass sich immer mehr die Frage stellt, wozu wir eigentlich noch irgendwo hingehen. Wozu diese wirkliche Welt? Warum nicht zu Hause vor dem Bildschirm bleiben? Sogar der Pilot könnte das Flugzeug von zu Hause aus steuern.

Die Digitalisierung der Welt befindet sich derzeit auf halber Strecke. Und deshalb leben wir in der seltsamen Situation, dass wir mehr als die Hälfte der gesamten Arbeitszeit hinter einem Bildschirm verbringen, um dort Symbole hin und her zuschieben. Ich glaube, dieses Bild wird eines Tages äußerst lächerlich wirken, und es wird schwierig, unseren Enkeln zu erklären, was wir damals eigentlich den ganzen Tag gemacht haben.

Jede Aufgabe, die darin besteht, bekanntes Wissen durch bekannte Regeln zu bearbeiten, kann prinzipiell durch Rechner automatisch gelöst werden. Und wenn wir ganz ehrlich sind, bestehen sehr viele der Aufgaben, die wir täglich während unserer Arbeitszeit erledigen, aus solchen Aufgaben. Arbeitsstellenausschreibungen haben in vielen Fällen große Ähnlichkeit mit Computerprogrammanweisungen. Es handelt sich bei den meisten Stellen um planbare, definierte Aufgaben. Angestellt zu werden für etwas Offenes, Undefiniertes ist für viele schwer vorstellbar. Wofür genau würde man dann bezahlt werden? Welche Leistung steht dem Lohn gegenüber? Und wer haftet für unvorhergesehene Handlungen? In einer Gesellschaft, in der für bestimmte Leistungen ein bestimmter Lohn gezahlt wird, kann deshalb nur definierbare Arbeit verrichtet werden. Definierbar liegt aber sehr nah an berechenbar, und berechenbar liegt sehr nah an automatisierbar. In einer hierarchisch strukturierten Leistungslohngesellschaft, in der Vertrauen und Verantwortung durch immer mehr Regelwerke ersetzt werden, braucht es den Menschen nicht mehr. Eine solche Welt ist für Automaten viel geeigneter.

Die drei großen Revolutionen

Es ist nicht das erste Mal, dass unsere Art zu leben durch neue Technologien umgekrempelt wird und uns dies alles ebenso bedrohlich wie faszinierend erscheint. Technik treibt uns und Technik befreit uns. Die Frage stellt sich nur, wovon und vor allem wofür sie uns befreit. Dieses Mal ist es das dritte Mal, dass sich die Welt aufgrund technischer Innovationswellen grundlegend verändert. Die erste große Revolution vor zehntausend Jahren befreite uns von den Launen der Natur, um geschützt in festen Behausungen zu wohnen und das Wachstum der Pflanzen und Tiere nicht mehr einfach passiv hinzunehmen, sondern aktiv zu kontrollieren. Durch die neolithische Revolution entstand eine bis dahin unvorstellbare Welt von Bauern und Handwerkern, frei für das Erbauen von kunstvollen Städten mit Palästen, mit Königen, Priestern und Händlern.

In dieser neuen Welt führte das bewusste Gestalten der Natur durch Muskelkraft im Laufe der Jahrtausende zum Begreifen der Naturkräfte durch den Intellekt. Das bereitete den Boden für die nächste große Veränderung, für die industrielle Revolution. Die Maschinen ersetzten zunehmend die harte Körperarbeit und ermöglichten damit Kopfarbeit für die breite Masse. Dies führte zur Erschaffung einer neuen, vorher unvorstellbaren Gesellschaft mit Bildung für alle, und es führte zu einer Wissenschaft, die nicht nur das interkontinentale Fliegen ermöglichte, sondern durch den Bau von Computern auch den Grundstein für die nächste Revolution legte.

Die industrielle Welt folgte ihrem eigenen Credo der Mechanisierung und Standardisierung so konsequent, dass sie am Ende ihr ultimatives Produkt hervorbrachte, nämlich eine einzige kleine Maschine für alles. Die Welt wurde in den kleinstmöglichen Standard zerlegt, nämlich in 0 und 1, und die Mechanik in dieser Maschine wurde so angelegt, dass sie jede Form annehmen kann. Dadurch entstand eine völlig neue Gattung von Maschinen, welche zur nächsten, zur digitalen Revolution führte und heute abermals das Leben umkrempelt, indem sie die Menschheit zunehmend von der Kopfarbeit befreit.

Während der ersten Jahrtausende verwendeten wir die ganze Energie darauf, uns so aufmerksam wie möglich im Fluss der Natur zu bewegen. Während der nächsten Jahrtausende schufen wir durch unseren Willen und unserer Hände Arbeit eine neue, künstliche Welt. Und seit wenigen Jahrhunderten beherrschen wir die Kräfte der Natur durch unsere Kopfarbeit so gut, dass uns die Muskelarbeit durch Maschinen abgenommen wurde. Erst vor ein paar Jahrzehnten erfanden wir diese neue Gattung von Maschinen, die uns auch die Kopfarbeit abnehmen wird. Vielleicht werden wir dadurch befreit, um uns wieder möglichst aufmerksam unserer Umwelt zu widmen. Einer Umwelt, die vorwiegend von Mitmenschen erfüllt ist. Dank der Technik, die unser Überleben sichert, könnten wir es uns nun leisten, in Sachen Aufmerksamkeit absichtslos zu sein. Das öffnet eine neue Welt.

Die drei Welten, die Handwerks-, Industrie- und Digitalwelt, sind grundverschieden. Als ich noch Lehrling war, brauchte ich als Geigenbauer für meine erste Geige etwa 200 Stunden Arbeitszeit. Für meine zweite brauchte ich durch die gewonnene Übung vielleicht ein paar Stunden weniger. Mein Lehrmeister schaffte es nach 30 Jahren Berufspraxis nochmals ein paar Stunden schneller. Im Prinzip braucht aber jede Geige, ob die erste oder die hundertste, in etwa gleich lang. So war das früher mit jeder Arbeit. Massenproduktion war sinnlos. Es wäre deswegen nicht billiger geworden.

An meinem ersten Arbeitstag erhielt ich ein Stück Stahl, aus dem ich mein Messer schliff, und bis zum Ende meiner Lehrzeit hatte ich alle wichtigen Werkzeuge und Schablonen, um selbstständig zu arbeiten. Das war sozusagen das Kulturgut des Geigenbaus, so wie es für jedes Gebiet ein Kulturgut gab, eine Tradition, die es dem Einzelnen ermöglichte, ohne große Investitionen Geigen, Käse oder Häuser herzustellen.

Mit der industriellen Revolution war das vorbei. Die Arbeit verlagerte sich in immer größere Fabriken voller Maschinen. Die Rechnung veränderte sich. Es brauchte einen Fabrikanten, der Kredit aufnahm, um die teuren Maschinen zu bezahlen und die Arbeit zu organisieren. Dafür wurden die Kosten pro Stück umso billiger, je mehr davon produziert und verkauft werden konnten. Je weiter der industrielle Produktionsprozess fortgeschritten ist, desto komplexer, spezifischer und teurer werden die Produktionsmittel. Die Investitionen sind so groß, dass nur noch wenige Mitspieler übrig bleiben. Von den Abertausenden kleinen handwerklichen Wagnereien von einst sind heute nur noch ein Dutzend riesige industrielle Autokonzerne übrig geblieben. Aber immerhin: Ein Dutzend Konkurrenten ergeben schon einen Markt. Zudem brauchen diese großen Industriekonzerne Kapital – viel Kapital, das sie sich auf den dafür entstandenen Kapitalmärkten beschaffen können und so über die Pensionskassen und Versicherungen auch die Kleinanleger an ihrem Ertrag beteiligen. Es macht den Eindruck eines schlüssigen Systems.

Nun passiert im weiteren Verlauf der Geschichte aus lauter Gewohnheit Folgendes: Genauso wie der industrielle Fabrikant nimmt nun der digitale Fabrikant Kredite auf, bezahlt damit seine Programmierer und Marketingleute, lässt von ihnen ein Programm schreiben oder eine Plattform bauen und bezahlt mit den Lizenz- oder Transaktionsgebühren seinen Kredit plus Zinsen zurück und erhofft sich darüber hinaus einen Gewinn. Man könnte denken, dass daran so weit nichts falsch sei. Und doch gibt es zwischen dem Industriellen und dem Digitalen diesen einen gewaltigen Unterschied, dass jedes weitere Exemplar in digitaler Form zur Herstellung und Verbreitung nicht nur wenig, sondern gar nichts mehr kostet. Mit einer einzigen Software, mit einer einzigen Plattform ist die ganze Welt auf einen Schlag bedient: mit einer Suchmaschine, einer Zimmervermittlung, einem Online-Buchladen, einem Filmportal, einer Bildbearbeitung, einem Kontaktportal und so weiter. Das hat zu einer so noch nie da gewesenen Monopolwirtschaft geführt. Jedes Thema hat seinen Primus, der mindestens 80 Prozent des Marktes bedient. Alle anderen teilen sich den Rest. Mit einem Minimum an Produktionsmitteln und Kapital können maximal viele Kunden bedient und mit ihnen Gewinne gemacht werden. Die Zinsen und die Durchschnittseinkommen sind stetig gesunken, die Gewinne und die Vermögensungleichheit so weit gestiegen, dass Demokratie und freier Markt höchst gefährdet sind. Ist Kapitalismus unter diesen Umständen noch sinnvoll?

Wenn Dinge zu Daten werden, wird Kapitalgut zu Kulturgut

Kulturgut ist unser kollektives Erbe. Es ist die geteilte Frucht unseres gemeinsamen Lebens und Arbeitens. Es sind nicht nur Kompositionen, Bilder und Bauten alter Meister in öffentlichen Händen, unsere Sprache oder der kollektive Lied- und Märchenschatz, sondern auch das aktuelle Wissen unserer Universitäten, die gesammelte Erfahrung der Handwerker und Computernutzer, das Rezept zum Brotbacken oder das Erklärvideo zum Reifenwechseln.

Kulturgut ist auch HTTPS. Es findet sich oft in der Adresszeile des Internetbrowsers, symbolisiert durch ein kleines Vorhängeschloss, gefolgt von den Buchstaben HTTPS. Sowohl das Schloss als auch das S bedeuten Sicherheit und ermöglichen etwa die sichere Verbindung zu einem Bankkonto, um dort Zahlungen auszulösen. HTTPS ist aber kein echtes Vorhängeschloss, sondern nur ein Übertragungsprotokoll, womit eine sichere Verbindung zwischen verschiedenen Teilnehmern im Internet hergestellt werden kann.

HTTPS wurde zum Kulturgut, als die Firma Netscape Communication, welche das Protokoll entwickelt hatte, 1998 infolge des sogenannten Browserkriegs in die Mozilla Foundation umgewandelt und zu Open Source erklärt wurde. Das Internet besteht zu einem großen Teil aus einer Ansammlung solch digitaler Kulturgüter, die sich frei verbreiten. Ein reales Vorhängeschloss kann sich nicht einfach frei verbreiten. Es wird in weit über hundert Arbeitsschritten auf Dutzend verschiedenen Spezialmaschinen jedes einzeln hergestellt, verteilt und verkauft. Die Grenzkosten liegen dabei nie bei null, ganz egal, wie raffiniert der Herstellungsprozess optimiert und automatisiert wird. Ein reales Vorhängeschloss bleibt Resultat von Kapitalgut, denn aus dem Ertrag des Produkts muss neben der Arbeit auch die herstellende Maschine bezahlt werden. Der Unterschied von Dingen und Daten besteht also darin, dass Dinge, zum Beispiel ein Vorhängeschloss, beim Teilen kaputtgehen und damit wertlos werden, wohingegen Daten, etwa das HTTPS-Protokoll, sich beim Teilen vermehren und dadurch noch viel wertvoller werden. Dinge brauchen Maschinen und Arbeit, um multipliziert zu werden. Daten vermehren sich von selbst. Dinge nutzen sich ab. Daten werden durch ihren Gebrauch aufgewertet. Dinge sind einmalig und exklusiv. Daten sind beliebig vorhanden. Bei Dingen ist es gut, wenn sie einen Besitzer haben, damit es keinen Streit gibt, weil auf einem Stuhl nun mal nur eine Person sitzen kann. Bei Daten ist das anders, denn eine Idee geht niemandem verloren, wenn sie mehrfach genutzt wird. Im Gegenteil, sie nützt dem Einzelnen noch mehr, denn sie wird verbessert, je öfter sie benutzt wird. Kurzum: Dinge kosten, Daten eigentlich nicht.

An dieser Stelle kann eine leichte Empörung die Gedankenführung übernehmen: Wenn Dinge zu Daten werden, wenn also zum Beispiel eine Schallplatte zu einem MP3-File wird, soll das nichts mehr kosten? Open Source ist ja schön und gut, aber ist es nicht ungerecht den Programmierern, Musikern und Erfindern gegenüber? Wovon sollen die denn leben, wenn sie die Früchte ihrer Arbeit nicht als ihr geistiges Eigentum verkaufen können? Wer soll denn in Entwicklung investieren, wenn sie nicht exklusiv genutzt werden kann? Ein großes Gerechtigkeitsempfinden spinnt sich plötzlich in unser Gefühl. Urheberschaft, Ehre und Wertschätzung einer Leistung gegenüber mischen sich mit wirtschaftlichen Vorstellungen aus der Zeit der Industrie, als es goldene Schallplatten, Reißverschlusserfinder und Industrielle gab, welche in Reißverschlussmaschinen oder in einen Musiker investierten.

An dieser Argumentation hat sich seit den Nullerjahren wenig verändert, obwohl sie das Problem nicht lösen kann. Im Gegenteil. Unterdessen sind DVD-Verleihe geschlossen, weil Streamingdienste einfacher sind. Ob bezahlt oder unbezahlt, hängt weniger von der Moral als vom technischen Geschick oder der Bequemlichkeit der User ab. Es geht dabei nicht um Geiz. Man betrachtet Daten tendenziell einfach nicht als Dinge, die man jemandem abkaufen oder ausleihen soll, sondern empfindet sie eher als Kulturgut, das einfach da ist. Jedenfalls funktioniert es nicht mehr so wie früher. Es braucht die DVD nicht mehr. Die Dinge nehmen von selbst ihren Lauf und werden immer mehr zu Daten.

Ob man nun für oder gegen Open Source, Open Access oder Creative Commons eintritt, ändert wenig an der Tatsache, dass Wissen und Daten immer öfter freiwillig zu Kulturgut erklärt werden, weil sie in geteilter Form für alle an Wert gewinnen. Elon Musk hat seine Tesla-Patente freigegeben. Jeder kann sie nutzen und daran weitertüfteln. Und sowohl Google, Amazon als auch Facebook haben kürzlich den Code für ihre jeweilige DeepLearning-Software, also ein Kernstück ihrer Produktionsmittel, geöffnet und dazu eingeladen, ihn zu nutzen und daran weiterzuarbeiten. Alle diese Firmen handeln im Geiste des griechischen Staatsmanns Perikles, der vor bald 2500 Jahren das Selbstverständnis der Athener mit den Worten erklärte: »Wir unterscheiden uns auch in unseren Vorbereitungen auf den Krieg von unseren Gegnern. Wir öffnen nämlich allen den Zutritt zu unserer Stadt und suchen nicht gelegentlich durch Ausweisung von Fremden jemanden daran zu hindern, etwas zu lernen oder zu sehen, wovon, wenn es nicht verheimlicht wird, einer unserer Feinde Nutzen ziehen könnte; denn wir vertrauen weniger auf Vorbereitungen und Heimlichkeiten als auf unseren eigenen Mut im Augenblick des Kampfes.«

Mut lässt sich weder kopieren noch downloaden. Mut und Talent sind etwas Exklusives. Wissen hingegen kann man weitergeben, teilen und nutzen, außer es wird verheimlicht oder verboten. Wissen ist nicht exklusiv. Der einzige Grund, warum wir es durch das Prinzip des »geistigen Eigentums« dennoch so behandeln, liegt darin, dass wir daraus Kapital schlagen wollen – wie aus einer Maschine. Wir nennen es zwar »dumm«, wenn vorhandenes Wissen nicht genutzt wird – warum kompliziert, wenn es auch einfacher geht –, aber solange wir die Wirtschaft durch Investitionskredite am Laufen halten, wird am »geistigen Eigentum« festgehalten. Denn sonst wäre ein großer Teil der »immateriellen Vermögenswerte« in den Bilanzen nichts mehr wert.

Wenn Dinge zu Daten werden, verlieren sie ihre Exklusivität und damit ihre natürliche Eignung für einen Eigentümer. Immaterielles Eigentum ergibt sich nicht aus der Sache, sondern muss durch Verbote konstruiert und ständig verteidigt werden. Der Anteil an immateriellen Gütern in den Bilanzen der S&P-500-Firmen ist seit 1980 von durchschnittlich 17 Prozent auf heute 80 Prozent gestiegen. Das ist riskant. Die Hauptausgaben der großen Fotoagenturen sind nicht mehr Fotografenhonorare, Archivierungs- oder Verkaufsaufwände, sondern Anwaltskosten, um alle Raubkopierer zu verfolgen und die Preise durchzusetzen. Das wiederum ist so unfreundlich, dass es immer mehr Plattformen für gute Amateurfotografen gibt, die ihre Bilder frei oder sehr günstig zur Verfügung stellen. Damit werden die Bilanzwerte der alten Agenturen zunehmend infrage gestellt.

Es könnte unter diesen Umständen sinnvoll sein, den Kapitalismus aufzugeben und der Verwandlung von Kapital- in Kulturgut freien Lauf zu lassen. Es müsste dafür nur auf einige der alten Vermögenswerte in den Bilanzen verzichtet werden, was eine Reihe von Konkursen zur Folge hätte, da auf der anderen Seite möglicherweise Kredite ausstehen, die nicht mehr gedeckt werden könnten. Es scheint aber so, dass der Lauf der Dinge sich ohnehin in diese Richtung entwickeln wird und nur noch die Firmen überleben, welche auf ihren Mut und ihr Talent setzen. Vielleicht wäre dies nun der richtige Augenblick, um unser System umzustellen und Geld nicht mehr durch Kredite zu schöpfen, sondern direkt zu verteilen und etwa in Form eines bedingungslosen Grundeinkommens in Umlauf zu bringen.

DIE ZUKUNFT DER GEWERKSCHAFTEN

Vom Recht auf Arbeit zum Recht auf Einkommen

Andrew L. Stern

Um zu verdeutlichen, wie radikal sich heute die Arbeit wandelt, möchte ich etwas aus meinem eigenen Leben berichten. Ich verbrachte 38 Jahre in einem einzigen Unternehmen – typisch für die Arbeitswelt des 20. Jahrhunderts. Ich arbeitete für die amerikanische Gewerkschaft SEIU (Service Employee International Union). In meinen Augen war das die beste Möglichkeit, die in den USA je bestand, um für Gleichberechtigung und Arbeitsplätze zu kämpfen. Die letzten 15 Jahre stand ich SEIU vor. Sie ist die größte nordamerikanische Gewerkschaft, die am schnellsten wachsende Gewerkschaft der Welt und hat mittlerweile Niederlassungen in zehn weiteren Ländern. Darin zeigt sich unser Anliegen, ein globales Netzwerk der Gewerkschaften aufzubauen.

Mir kam das großartige Privileg zu, dafür bezahlt zu werden, dass ich mich für die Menschen und für das Menschliche in den größten und finanzstärksten Organisationen der Welt einsetzte – in Konzernen, privatwirtschaftlichen Unternehmen und Banken. Ich kümmerte mich um den verantwortungsvollen Umgang mit Mitarbeitern und darum, dass die Firmen wirklich für die Mitarbeiter und Kunden da sind, wie sie es oft nur vorgeben. So konnte ich helfen, dass Kinderbetreuer, Pfleger, Krankenschwestern, Hausmeister oder Sicherheitspersonal, also machtlose Arbeiter, durch eine gemeinsame Stimme auf einmal machtvoller wurden.

Aus nächster Nähe dabei zu sein, wie Menschen neue Möglichkeiten finden, um ihr Leben in die Hand zu nehmen, wie ihre Macht wächst und beispielsweise ein Mindestlohn von 15 Dollar pro Stunde Realität wird oder wie die Gesundheitsvorsorge flächendeckend eingeführt wird, das war für mich die inspirierendste Zeit meines Lebens. Wir Gewerkschafter waren in meinen Augen die wichtigste Organisation zur Armutsbekämpfung, die den Reichtum einer wohlhabenden Gesellschaft großflächig verteilte.

Aber dieser Einfluss der Gewerkschaften geht zur Neige. Als ich 1950 geboren wurde, war jeder dritte Arbeitnehmer in der Privatwirtschaft Teil einer Gewerkschaft. Als ich 1972 selbst zu arbeiten begann und in die Gewerkschaft eintrat, galt das noch für jeden vierten Arbeitnehmer. Als ich 1996 die internationale Präsidentschaft von SEIU übernahm, war noch jeder zehnte Arbeiter durch eine Gewerkschaft vertreten, und als ich 2010 in den Ruhestand ging, nur noch jeder sechzehnte. So sind heute weniger als 7 Prozent der Angestellten in der US-Privatwirtschaft in einer Gewerkschaft organisiert. Und von diesem geringen Prozentsatz sind es nur zwei Bereiche, wo Gewerkschaften ökonomisch wirklich eine Rolle spielen: bei den Dockarbeitern im Hafen und den Athleten im Profisport.

Unsere Gewerkschaft ist zahlenmäßig die größte in Nordamerika. Politisch die mächtigste aber wurde sie 2008, als wir 80 Millionen Dollar durch unsere Mitglieder einsammelten, um mitzuhelfen, dass Barack Obama zum Präsidenten der USA gewählt wurde. In Spitzenzeiten haben sich bis zu 100 000 unserer Gewerkschaftsmitglieder in Vollzeit oder freiwillig in Teilzeit dafür eingesetzt, diesen arbeitnehmerfreundlichen Gesetzgeber ins Amt zu bringen. Sobald das gelungen war, setzten wir alles daran, einen lange gehegten Traum unseres Landes zu erfüllen: dass jeder Mann, jede Frau und jedes Kind eine Krankenversicherung bekommt.

Als Barack Obama dieses Gesetz unterzeichnete, das trotz aller Mängel ein historischer Schritt war und heute als Obamacare bekannt ist, verbesserte es unmittelbar mit dem Trocknen der Tinte das Leben von 20 Millionen Menschen. Das ist mehr als alles, was unsere Gewerkschaft in 75 Jahren durch unzählige Tarifverhandlungen erkämpft hat. Außerdem zeigt es eine neue Methode und ein neues Selbstverständnis von Gewerkschaften: Auch mit nur 6 Prozent aller Beschäftigten können sie einen wesentlichen Beitrag zur Wirtschafts- und Politikgestaltung leisten. Hierfür aber sind neue Ideen und Wege erforderlich, um das Leben der Angestellten zu verbessern.

Neue Ziele

Mir wurde 2010 klar, dass ich bereits vor meiner Pensionierung nicht mehr die ideale Besetzung dafür war, solche neuen Ideen für die Zukunft einzubringen. Deswegen habe ich den Chefposten geräumt und mich pensionieren lassen. Anschließend begab ich mich auf eine fünfjährige Forschungsreise quer durch die USA, um mit unterschiedlichsten Menschen zu sprechen. Ich hatte dabei vor allem zwei Fragen. Erstens: Wie kann der amerikanische Traum wiederbelebt werden? Und zweitens: Wie kommt die Mittelschicht wieder auf die Beine?

Ich habe in dieser Zeit unglaublich viel gelernt. Den derzeitigen Wandel in der Arbeitswelt charakterisieren für mich drei Phasen. Die erste Phase ist ein Übergang. Wenn man einen Topf mit Wasser auf den Herd stellt, so wird das Wasser heißer und heißer. An einem bestimmten Punkt aber kocht das Wasser. Egal, wie viel Hitze folgt – das Wasser wird nicht heißer, sondern verändert sich auf andere Weise. Dies wird »Phasen-Übergang« genannt.

Die zweite Phase beschreibt eine Geschichte, die ich von Andrew MacAfee und Erik Brynjolfsson vom Massachusetts Institute of Technology gehört habe. Sie handelt von einem indischen König und einem Schachmeister. Als der Schachmeister dem Herrscher das Spiel der Könige beibringt, fragt der König, was er als Gegenleistung bekommen möchte. Der Schachmeister antwortet, dass er ein bescheidener Mensch sei. Er wünsche nur auf das erste Feld des Schachbretts ein Reiskorn, auf das zweite zwei, auf das dritte vier, auf das vierte acht und so fort, sodass sich mit jedem der Quadrate die Anzahl der Reiskörner verdoppelt. Nichts leichter als das, dachte der König, doch als er anfing und bei der Hälfte der 64 Felder angekommen war, ergab es bereits einen Berg aus Reis höher als der Mount Everest. Der Legende nach ließ der König den Schachmeister umbringen, weil er sich hintergangen fühlte.

Diese Geschichte zeigt anschaulich die Kraft der Verdoppelung. Wir meinen, das Prinzip des Verdoppelns zu kennen, aber ignorieren, wie mit der Summe auch die Geschwindigkeit des Zuwachses ansteigt. In der IT-Branche wird es das Moore'sche Gesetz genannt, wonach sich die Geschwindigkeit von Computer-Chips alle 18 bis 24 Monate verdoppelt.

Auf die dritte Phase hat mich Andy Grove aufmerksam gemacht. Als Gründer von Intel war er einer der einflussreichsten Menschen für die US-Wirtschaft des 20. Jahrhunderts. Wir sprachen über sein Buch *Nur die Paranoiden überleben*. Er sagte, zu bestimmten Zeiten stehen Unternehmen oder Länder an »strategischen Wendepunkten«. Diese besonderen Momente werden markiert durch den Zusammenfluss besonderer Ereignisse, welche sich allerdings meistens erst Jahre später als solche zu erkennen geben. An derartigen Wendepunkten steht die Gesellschaft vor großen, wichtigen Entscheidungen. An einem solchen Punkt sind wir gegenwärtig.

Dabei ist es gleich, ob sie McKinsey[1] Glauben schenken, die voraussehen, dass 45 Prozent der bestehenden Arbeitsaufgaben durch Technik und weitere 13 Prozent durch künstliche Intelligenz ersetzt werden könnten oder ob die Oxford-Studie[2] mit 47 Prozent substituierten Jobs recht hat. Diverse angesehene Wissenschaftler von renommierten Organisationen wie dem World Economic Forum sagen einen massiven Verlust von Arbeitsplätzen voraus.

Darum ist eine wirtschaftswissenschaftliche Debatte entbrannt, ob und wie das nun tatsächlich passiert oder nicht, woher die statistischen Daten kommen oder ob das von den bisherigen Wendepunkten abweicht. Auch wenn nur einige namhafte Wissenschaftler vom potenziell größten Arbeitsplatzverlust in der Weltgeschichte sprechen, selbst wenn es nur vorübergehend wäre, müssen wir das ernst nehmen. Wir sollten klüger sein als bei der Industriellen Revolution und aus den Fehlern lernen. Wenn auch damals über die Zeit

1 Vergleiche Michael Chui, James Manyika und Mehdi Miremadi: Four Fundamentals of Workplace Automation. 2015.
2 Vergleiche Carl Frey und Michael Osborne: The Future of Employment: How Susceptible Are Jobs to Computerisation? 2013.

insgesamt mehr Arbeitsplätze entstanden sind, so war es doch eine erschütternde und massiv beeinträchtigende Zeit für einen Großteil der Arbeiter.

Es scheint, dass dieses Mal das Ausmaß so gravierend ausfällt, dass jedes Land und jedes Unternehmen einen hohen Preis zu bezahlen haben wird. Am einfachsten kann man sich dies am Beispiel des autonomen Fahrens klar machen. Dabei soll hier nicht auf selbstfahrende Autos eingegangen werden – davon haben die meisten Menschen bereits gehört. Lieber soll darauf hingewiesen werden, dass Speditionsunternehmen ihre Fahrer unmittelbar entlassen werden, sobald selbstfahrende LKWs für die Straßen bereitstehen. Das klingt fürs Erste nicht sonderlich erschreckend. Wenn man sich allerdings vor Augen führt, dass LKW-Fahrer in 29 US-Bundesstaaten der häufigste Job ist, also 3,5 Millionen Menschen beruflich hinterm LKW-Steuer sitzen, so ist das eine gewaltige Menge potenzieller Arbeitsloser. Hinzu kommen sehr viele Dienstleistungen, die es speziell für die LKW-Fahrer gibt: Motels, Restaurants, Tankstellen, Versicherungsmitarbeiter und so weiter. Das sind nochmals 5,5 Millionen Angestellte – allein in den USA. Diese LKW-Fahrer gibt es aber überall. Auch in Deutschland arbeiten eine Million Menschen als Berufs-LKW-Fahrer.[3]

Wenn also der Job von LKW-Fahrern wegfällt, ist das ein massiver Einschnitt, der sehr schnell Wirklichkeit werden wird. Wo sollen diese vielen arbeitslosen Menschen eine neue Beschäftigung finden? Es wäre die größte Arbeitslosenwelle, ausgelöst durch den Wegfall von nur einem Job.

Bisher war der Wegfall von Arbeitsplätzen zumeist ein Phänomen bei angelernten Arbeitern und einfachen Angestellten. Politiker und andere Debattenführer wiesen stets die Verantwortung von sich mit einem »ja, hätten diese Arbeiter etwas Vernünftiges gelernt und einen Hochschulabschluss gemacht, wäre ihnen das nicht passiert«.

3 Vergleiche https://www.bag.bund.de/SharedDocs/Downloads/DE/Marktbeobachtung/Turnusberichte_Arbeitsbedingungen/SB_5D_%202015_Fahrerberufe.pdf;jsessionid=405F517C84486562F7D177088994028A.live21304?__blob=publicationFile

Heutzutage sind aber fast alle Arbeitsplätze betroffen – auch von Menschen mit Hochschulabschluss. Rechtsanwälte, Ärzte, Wissenschaftler, Aktienhändler und Börsenmakler sind nicht immun gegen Arbeitsplatzverlust, weil IBM-Watson, 3D-Drucker, Roboter-Chirurgie oder Software die Datenanalyse, Design, Finanzanalyse, Rechtsberatung oder das Texte-Schreiben übernehmen.

Mir scheint es unwichtig, ob nun Albert Wenger und Robert B. Reich Recht behalten werden, die von einer bevorstehenden technologischen Disruption ausgehen, also von einer digitalen Revolution, oder eher Robert Gordon[4] und Robert Solow[5], die nicht dieser Meinung sind. Mich überrascht es selbst, aber es ist eines der ersten Male, dass ich vollkommen mit Militär und Großindustrie übereinstimme, die diverse Szenarien entwickeln und durchspielen, ausgehend von verschiedenartigen Annahmen. Sie versuchen wenigstens, die Möglichkeiten und Gefahren der Zukunft vorab zu erforschen, um darauf reagieren zu können. Mir scheint es schlichtweg unverantwortlich, sich in den USA oder in Europa nach der Lektüre der einschlägigen Wissenschaft zum Thema mit endlosen Debatten zu begnügen. Es ist dringend notwendig, die neuen Zeiten vorzubereiten.

Denn warum sollten wir uns nicht in jedem Fall vorbereiten? Warum wappnen wir uns nicht prophylaktisch mit allen möglichen politischen Ideen, um von überraschend auftretenden Ereignissen nicht überrumpelt zu werden?

Große Zeithorizonte

Viele Politiker schlagen als langfristige Lösungen Bildung, Infrastruktur, das Wiedererstarken der Gewerkschaften oder Lohnsub-

4 Robert J. Gordon ist ein amerikanischer Wirtschaftswissenschaftler und Professor für Sozialwissenschaften in Chicago. Er ist bekannt für seine Forschung zu Produktivität, Wachstum und den Ursachen von Arbeitslosigkeit.

5 Robert M. Solow ist ein US-amerikanischer Ökonom und Nobelpreisträger (1987) für seine Arbeiten über ökonomische Wachstumstheorien. Er lehrt am MIT in Boston.

ventionen wie in den USA das EITC (Earned Income Tax Credit) vor. Aber das sind alles nur abmildernde Maßnahmen gegen Arbeitslosigkeit und Armut. Wahrscheinlich sind sie sinnvoll für die nächsten fünf bis zehn Jahre. Wir müssen aber in ganz anderen Zeithorizonten denken. Die abmildernden Ideen mögen heute einem Uber-Fahrer dabei helfen, seine akuten Sorgen in den Griff zu bekommen. Aber was folgt, wenn Uber ohne Fahrer arbeitet? Wenn uns der Tsunami des technologischen Wandels erreicht, werden die kleinen Deiche dieser Maßnahmen nicht standhalten. Niemals halten sie die Welle auf, welche auf uns zurollt und uns alle überspült.

Nachdem ich während meiner Forschungsreise alle diese Szenarien des Arbeitsmarktwandels studiert hatte, saß ich da und überlegte, wie die Antwort auf diese potenzielle Disruption aussehen könnte. Da ich in den USA gerne als Sozialist und als linkslastiger Gewerkschaftsboss abgestempelt werde, denken die Menschen sicher, dass ich nach dem Staat rufen würde, um jedem Menschen einen Arbeitsplatz zu garantieren.

In der Tat kam mir die Arbeitsplatzgarantie als Erstes in den Sinn – eine angemessene, wenngleich schwer zu realisierende Idee. Dann aber kam mein wissenschaftlicher Mitarbeiter an der Columbia University (New York City) zu mir und sagte: »Kennst du die Idee eines bedingungslosen Grundeinkommens?« Ich antwortete, noch nie davon gehört zu haben. »Es ist eigentlich eine sehr einfache Idee«, sagte er. »Ein bedingungsloses Grundeinkommen bedeutet, dass jeder jeden Monat so viel bekommt, dass er leben kann – ähnlich einer allgemeinen Sozialleistung oder wie in Alaska, wo von den Ölgewinnen etwas an die Bevölkerung fließt. Damit schlägt man zwei Fliegen mit einer Klappe: Die Armut wird beendet und die Menschen haben einen sicheren Boden und ein tragfähiges soziales Netz. So wäre auch ein technologischer Wandel keine Bedrohung.« Ich äußerte meine Bedenken: »Meinst du wirklich, dass man die Armut mit einem monatlichen Check von 1000 Dollar beenden kann?« Er rechnete vor: »Die offizielle Armutsgrenze liegt in den USA bei 12000 Dollar im Jahr für eine Einzelperson und bei 24000 Dollar für eine Familie – das heißt, 1000 Dollar im Monat beenden tatsächlich die Armut für alle Menschen.«

Wenn man genau hinschaut, bieten die Mittelstands- und besser gestellten Eltern ihren Kindern genau diese Sicherheit – ein »elterliches Grundeinkommen«. Wessen Arbeitsplatz aber nicht genügend Geld abwirft, kann diese Sicherheit nicht geben – beispielsweise ein bisschen Geld zum Urlaubmachen, ein Extra-Taschengeld, die Finanzspritze, wenn das Auto in die Reparatur muss oder andere unvorhergesehene Zahlungen anstehen. Die Eltern gewähren ihren Kindern diese Sicherheit, die ansonsten ein unsicheres Leben führen müssten. Es ist wunderbar, wenn Eltern das können – psychologisch, moralisch und persönlich. Nur, warum gibt es diese Möglichkeit nicht für alle Eltern und für alle Kinder?

Auch Familienarbeit im Sinne von Betreuung und Pflege von Kindern und Alten, wie sie vor allem von Frauen geleistet wird, würde durch ein Grundeinkommen finanziell anerkannt. Für Arbeiter wäre es eine Streikkasse und für Studierende eine Unterstützung bei Studiengebühren und beim Bücherkauf.

Zu den Führern der Gewerkschaften und sonstiger Arbeiterbewegungen möchte ich sagen: Ein bedingungsloses Grundeinkommen ist ein neuer Ansatz, um das Leben von Arbeitern zu verbessern. Wenn unsere Arbeit als Gewerkschafter nicht nur darin besteht, die eigene Institution und die eigenen Mitglieder zu vertreten, sondern wenn es unsere Lebensaufgabe ist, jedem Menschen eine grundsätzliche ökonomische Sicherheit zu ermöglichen, dann kenne ich keine politische Maßnahme, die mehr Menschenleben verbessern kann als ein bedingungsloses Grundeinkommen. Keine Politik kann mehr wirtschaftliche Sicherheit verbreiten. Letztendlich, wie wir Gewerkschafter sagen, wollen die Menschen Brot und Rosen[6]. Dabei hilft ein bedingungsloses Grundeinkommen, weil es die Chancen erhöht, dass die Menschen ihren Träumen folgen. Reiche Menschen verfügen über Ressourcen, um eigene Entscheidungen zu treffen. Sie entscheiden, ob sie arbeiten möchten – oder nicht. Sie entschei-

6 Der Slogan »Brot und Rosen« stammt aus einer Rede der New Yorker Gewerkschafterin Rose Schneiderman von 1911. Sie sagte: »The (female) worker must have bread, but she must have roses, too.«

den, ob sie hart arbeiten möchten – oder nicht. Sie entscheiden, ob sie in den Urlaub fahren oder wann sie nochmals etwas Neues lernen wollen. Sie entscheiden, ob sie sich zum Erfinden für zwei Jahre in eine Garage im Silicon Valley zurückziehen – weil es ihnen möglich ist.

Dieser Luxus wird armen Menschen nicht zuteil. Sie haben schlicht kein bedingungsloses Streikgeld wie ein Grundeinkommen und kein Geld, um es sich leisten zu können, einen miesen Job zu kündigen oder einem schlechten Chef offen zu sagen, wie unzumutbar die Arbeitsbedingungen sind. Sie können sich nicht freinehmen, wann sie es wollen, um Zeit mit ihren Kindern und ihrer Familie zu verbringen, weil sie sonst ihre Miete nicht bezahlen können. Deswegen sollten alle Menschen ein bedingungsloses Grundeinkommen bekommen. Sie sollten Brot bekommen – und Rosen. Wenn es nicht unsere Aufgabe als Gewerkschafter ist, das Leben der Menschen zu verbessern und sie aus der Armut zu befreien, wessen Job ist es dann? Und wenn wir es nicht jetzt einführen, in der Zeit, in der es den Volkswirtschaften nach der Krise wieder gut geht, wann dann?

Wie könnte ein Grundeinkommen aussehen?

Die häufigste Erwiderung gegen ein Grundeinkommen ist: Wie soll das bezahlt werden? Mit 12 000 Dollar im Jahr sprechen wir über ein sehr niedriges Level, aber es ist in den USA die offizielle Armutsgrenze. Wenn diese finanziell erreicht und das Überleben gesichert ist, könnten etliche Wohlfahrtsprogramme eingestellt werden. Man braucht keine Arbeitslosenversicherung oder Essensmarken, wenn jedem Menschen ein Grundeinkommen zusteht.

In meinem neuen Buch[7] habe ich viele Ideen umrissen, wie eini-

7 Vergleiche Andy Stern (mit Lee Kravitz): Raising the Floor: How A Universal Basic Income Can Renew Our Economy and Rebuild the American Dream. 2016.

ge bestehende Sozialprogramme aufgelöst und ein bedingungsloses Grundeinkommen vollumfänglich finanziert werden könnte. Ich diskutiere dort unter anderen mit Michael D. Tanner, dem Chef des Cato Institute, welche Sozialprogramme erhalten bleiben sollten und welche abgeschafft werden könnten. Um das Argument vorwegzunehmen: Für ein bequemes Leben zu Hause auf dem Sofa ohne Arbeit sind 12000 Dollar im Jahr nicht ausreichend. Sie könnten nur eine Ergänzung zu einem Arbeitseinkommen sein, kein Ersatz. Sicherlich müssten manche Menschen nicht Vollzeit arbeiten und hätten erstmals hierzu die Wahl. Einige würden zum Beispiel für Uber fahren, andere verbrächten lieber mehr Zeit bei ihrer Familie und ihr Partner würde ebenfalls arbeiten gehen. Abschließend betrachtet, wird es Menschen vor allem Folgendes ermöglichen: eigene Entscheidungen zu treffen, mehr Freiheit zu haben und insgesamt über mehr Möglichkeiten zu verfügen. Wir sollten den Moment vorbereiten, von dem an jeder diese Existenzsicherheit hat.

Viele meiner Gewerkschaftskollegen befürchten, dann überflüssig zu werden. Aber auch mit einem bedingungslosen Grundeinkommen ist es sinnvoll, dass sich Arbeiter professionell organisieren und zusammentun. Die Mächtigen geben ihre Privilegien niemals ohne Gegenwehr ab. Viel eher wird es fraglich sein, ob Gewerkschaften, wie sie derzeit organisiert, strukturiert und geführt sind, den Mut haben werden, sich so zu wandeln, dass sie diese gesellschaftliche Rolle einnehmen können. Oder werden sie nur das alte Arbeitssystem repräsentieren und in Schockstarre verharren, ohne sich um die Selbstständigen zu kümmern, wie heute Taxis im Verhältnis zu Uber oder wie die alte Industrie im Verhältnis zur Gig-Ökonomie? Die Frage ist: Was ist das Selbstbild von Gewerkschaften? Sehen sie sich als eine Organisation, die sich nur um Tarifverhandlungen für diese ganz spezielle, zahlenmäßig schrumpfende Gruppe von Arbeitnehmern kümmert, die noch einen »echten« Arbeitsplatz in den bekannten Verhältnissen haben? Sind sie also so in alten Formen gefangen, dass sie nur für die klassische Arbeiterschaft mit traditionellen Arbeitsplätzen eintreten?

Oder können Gewerkschaften die Lücke füllen, welche durch Gig-

Ökonomie und alternative Arbeitsformen entstanden ist? Die Wandlungsfähigkeit der Gewerkschaften wird darüber entscheiden, ob sie mit der Zeit gehen und bestehen können oder ersetzt werden von etwas Neuem, weil sie es versäumt haben, sich an die neuen Verhältnisse anzupassen, als die Wirtschaft sich massiv zu wandeln begann.

In meinen Augen gibt es einen dringenden Bedarf an Arbeitervertretung, und sei es nur, um sich für die sozialen Sicherheitsnetze und ein bedingungsloses Grundeinkommen einzusetzen. Aber wahrscheinlich wird es in Zukunft für Gewerkschaften sogar noch deutlich mehr zu tun geben – wenn sie den Wandel mitvollziehen. Ich hoffe, den Gewerkschaften gelingt diese Transformation, aber bisher stimmen mich die Anzeichen nicht optimistisch.

Wesentlich ist für mich eine fruchtbare Debatte. Für mich stellt sich ein bedingungsloses Grundeinkommen als die beste Idee dar. Was ist Ihre beste Idee, um die Zukunft zu gestalten? Beteiligen Sie sich an der Debatte!

WIE KANN DER KAPITALISMUS ÜBERLEBEN?

Über technologischen Wandel und bedingungsloses Grundeinkommen

Robert B. Reich

Der Fantasie wachsen Flügel, wenn sie den Versprechen neuer technologischer Möglichkeiten Glauben schenkt. Dabei ist längst nicht alles eingetreten, was sich die Technikpropheten seit der ersten Industrialisierung ausmalten.

John Maynard Keynes beschreibt bereits 1928 in seinem Essay *Wirtschaftliche Möglichkeiten für unsere Enkelkinder*, dass »die Entdeckung von Mitteln zur Einsparung von Arbeit schneller voranschreitet als unsere Fähigkeit, neue Verwendungen für Arbeit zu finden«.[1]

Damals traf er die Voraussage, dass sich in hundert Jahren, also 2028, der Lebensstandard in Europa und den USA so weiterentwickelt haben würde, dass sich niemand mehr darum Gedanken machen müsse, wie er seinen Lebensunterhalt verdient. In Keynes' Augen würde es ein Zeitalter des allgemeinen Wohlstands werden. »Zum ersten Mal seit seiner Erschaffung wird der Mensch damit vor seine wirkliche, seine beständige Aufgabe gestellt sein, wie seine Freiheit von drückenden wirtschaftlichen Sorgen zu verwenden ist, wie seine Freizeit auszufüllen ist, die Wissenschaft und Zinseszins für ihn gewonnen haben, damit er weise, angenehm und gut leben kann.«[2]

Noch schreiben wir nicht das Jahr 2028, aber wir können bereits heute erkennen, dass wir nicht dort angekommen sein werden, wo uns Keynes in gut zehn Jahren vermutete.

1 John Maynard Keynes: Wirtschaftliche Möglichkeiten für unsere Enkelkinder. Aus: Norbert Reuter: Wachstumseuphorie und Verteilungsrealität. 2007, S.135–147.

2 Ebenda.

Weiterhin fühlt sich die Mehrzahl der Menschen nicht vom Druck der Ökonomie befreit. Selbst in fortschrittlichen Gesellschaften sorgen sich die Menschen immer noch darum, wie sie ihr notwendiges Einkommen erzielen können. Das klingt nicht nach einem Zeitalter des allgemeinen Wohlstands. Im Gegenteil, die technischen Möglichkeiten zur Arbeitseinsparung sind Realität und so weit gediehen, dass sich die Gesellschaft in zwei Teile spaltet: Der eine, wesentlich kleinere Teil, hortet einen außerordentlichen Reichtum, während der große Rest stetig ärmer wird.

In meinem Buch *Die neue Weltwirtschaft – Das Ende der nationalen Ökonomien* von 1991 habe auch ich Voraussagen getroffen. Der Ansatz war, alle Arbeitsformen in drei Kategorien einzuteilen und dann zu prognostizieren, was jeweils in den Kategorien geschehen wird. Die erste Kategorie nannte ich »Routine-Produktionsarbeiten«, welche alle Formen der wiederkehrenden Arbeit beinhalten, wie sie im 20. Jahrhundert vom einfachen Volk, den Fußsoldaten des Kapitalismus, ausgeführt wurden. Immer wieder und wieder die gleichen Vorgänge – ob am Fließband oder im Büro. Denn Routine ist auch bei verantwortlichen Arbeitsplätzen gegeben, zum Beispiel dort, wo regelmäßig die Leistungen anderer beurteilt werden, Arbeitsabläufe auf Richtigkeit geprüft oder Daten eingegeben und kontrolliert werden.

Meine damalige Einschätzung war, dass diese Tätigkeiten, immerhin ein Viertel der vorhandenen Arbeitsplätze in den USA, sukzessive abnehmen werden, da neue Technologien und die Auslagerung in Entwicklungsländer die Arbeit zu weit geringeren Kosten möglich machen. Es schien zudem so, dass in den USA die Löhne für diese Routinetätigkeiten aus den gleichen Gründen sinken werden.

Die Prognose war nicht falsch. Dieselbe Untersuchung der Arbeitsbedingungen ergab 2014, also zwei Jahrzehnte später, dass Routinearbeit nur noch ein Fünftel der Arbeiten in den USA ausmachte und die Durchschnittslöhne nach Bereinigung der Inflation um 15 Prozent gesunken waren. In der Tat wurden bereits 2014 viele menschliche Arbeiten durch Software-Lösungen ersetzt. Datengestützte Textprogramme ersetzen Rechtsgehilfen, Bildbearbeitungsprogramme übernehmen die Aufgaben von Labortechnikern und Steuersoftware erledigt die Buchhaltung.

Der zweiten Kategorie gab ich damals den Namen »Persönliche Dienstleistungen«. Charakteristisch für diese Arbeiten ist, dass sie von Menschen ausgeführt werden müssen, da der menschliche Faktor wesentlich ist. Beispiele für diese Arbeiten sind Mitarbeiter im Einzelhandel, im Hotel- und Restaurantbetrieb, Kranken- und Altenpflege, Makler, Flugbegleiter, Kinderbetreuer, Physiotherapeuten oder Sicherheitspersonal. Charakteristisch dabei ist, dass es entweder um einen Verkauf von Mensch zu Mensch geht, jemand für die Sicherheit anderer sorgt oder sich für das Wohlergehen anderer einsetzt. Bei meiner Einschätzung 1991 ging ich davon aus, dass die Anzahl dieser Jobs zunehmen würde. Sie machten damals in den USA schon 30 Prozent der Arbeitsplätze aus, und mir schien, dass diese persönliche Zuwendung weder durch Technologien noch durch weit entfernt lebende Arbeiter übernommen werden könne. Zudem war es aus zwei Gründen plausibel, dass auch hier die Löhne sinken würden: Erstens, da viele dann arbeitslose Routinearbeiter sich in diesen Markt drängen würden, auch weil sie sonst nirgends eine Anstellung finden, und somit die Konkurrenz in diesem Feld zunähme. Zweitens sah ich voraus, dass auch hier intelligente Technik die menschliche Arbeit zurückdrängen würde, ersetzt durch »automatisierte Kassen, Autowaschanlagen, Bankautomaten, Selbstbedienungsrestaurants oder -zapfsäulen«. Selbst im Einzelhandel würden die Jobs durch Technik gefährdet, da »PCs mit Fernsehapparaten verbunden sein werden«, wie ich damals schrieb, und der Konsument der Zukunft »sich Möbel, Haushaltsgeräte und alle möglichen technischen Geräte von zu Hause aus kaufen kann. So kann er vom Sofa aus die Ware ansehen, auswählen, Größe, Farbe oder Extras bestimmen und den attraktivsten Preis auswählen. Der Auftrag geht direkt an die Lagerhallen, von wo aus die Ware dann ausgeliefert wird. Ähnlich wird es auch mit Finanztransaktionen, Flug- und Hotelreservierungen, Mietwagen-Verträgen und anderen Verträgen sein, die zwischen den Verbrauchern in ihren Häusern und Computer-Banken irgendwo auf der Welt geschlossen werden.«

Auch hier lagen meine Annahmen nicht so weit daneben. In die Kategorie dieser »Persönlichen Dienstleistungen« fielen 2014 fast die Hälfte aller Jobs in Amerika. Beinahe jeder neu entstandene Arbeitsplatz lag in diesem Bereich. Zudem lag das Durchschnittseinkommen nach Bereinigung der Inflation unter dem Niveau von 1991. Allerdings hatte ich nicht angenommen, dass die Technik so rasant in diesen Bereich vordringen würde. So hatte 2014 Amazon bereits den Einzelhandel massiv ausgedünnt und war dabei, die Menschen in ihren Lagerhallen durch Roboter zu ersetzen und sogar die Auslieferung durch Drohnen voranzutreiben.

Selbst Berufskraftfahrer erweist sich heute als gefährdeter Job, dabei hatten Frank Levy und Richard Murnane in ihrem Buch *The New Division of Labour* von 2004 gerade die LKW-Fahrer als Beispiel genannt, die nicht durch Technik zu ersetzen seien, da die Möglichkeiten von Computern zu dieser komplexen Mustererkennung nicht ausreichen würden. Doch es kam anders: Bereits 2014 stellte Googles selbstfahrendes Auto eine reale Bedrohung für die 4,5 Millionen Taxi-, Bus-, LKW-Fahrer und Müllmänner der USA dar.

Die dritte Kategorie nannte ich 1991 »Symbolisch-analytische Dienstleistungen«. Hierunter fallen alle problemerkennenden, problemlösenden und strategisch mitdenkenden Tätigkeiten, die sich mit der Handhabung von Symbolen wie Daten, Wörtern oder anderen schriftlichen oder mündlichen Repräsentanten befassen. Das betrifft Ingenieure, Investmentbanker, Juristen, Management- und IT-Berater, Werbe- und Marketingspezialisten, kreative Berufe in Musik, Film und Journalismus sowie Lehrer und Universitätsprofessoren. Die Menschen in den meisten dieser Berufe brauchen eine gute Ausbildung, sie arbeiten viel in Teams zusammen und sitzen viel vor Computern.

Das Verbindende dieser Berufe ist, dass sie abstrakte Symbole neu ordnen. Für die Lösung der konzeptionellen Herausforderungen verwenden sie analytische und kreative Werkzeuge wie mathematische Algorithmen, juristische Argumente, Finanztricks, wissenschaftliche Prinzipien, starke Wörter und Phrasen, visuelle Muster, psychologische Einsichten und andere Techniken. Insgesamt steigern diese

Arbeiten die Effizienz, sei es für die schnellere und exaktere Erfüllung von Aufgaben, für mehr Bildung oder für bessere Unterhaltung, mehr Informationen und mehr Faszination.

Ich ging 1991 davon aus, dass der Anteil an »Symbolisch-analytischen Dienstleistungen«, damals 20 Prozent aller amerikanischen Arbeitsplätze, ebenso wie deren Einkommen sich weiter erhöhen würde, da sie die gesellschaftliche Versorgung optimieren können und deswegen die Nachfrage nach Menschen, die diese Aufgaben erledigen, weiter steigen würde. Wenn der Trend stimmt, forciert er die gesellschaftliche Spaltung, da der Abstand wächst zwischen der dritten Kategorie, wo Bedarf und Bezahlung steigen, und den beiden anderen Kategorien, wo einerseits der Bedarf schrumpft und andererseits der Konkurrenzdruck zunimmt, was zu sinkenden Löhnen führt. Das mündet unweigerlich in neue soziale Ungerechtigkeiten.

Auch hier lag ich mit meiner Prognose zu Beginn der 1990er Jahre nicht falsch, nur hatte ich mir nicht vorgestellt, wie rasant und wie tiefgreifend die Lohnunterschiede sein würden und zu welchen ökonomischen Unsicherheiten diese führen. Niemals hätte ich damit gerechnet, dass die Lebenserwartung für eine weiße US-Amerikanerin ohne Hochschulabschluss sich zwischen 1990 und 2008 um fünf Jahre verringern würde.

Rasanter Wandel

Was ich auch nicht vorhergesagt habe, war, wie schnell die Kombination von digitalen Technologien und riesigen Netzwerkeffekten die Proportionen zwischen Mitarbeiterzahlen und Kundenzahlen verändern würde. Als Instagram, die beliebte Webseite zum Teilen von Fotos, 2012 von Facebook für etwa eine Milliarde Dollar gekauft wurde, hatten sie gerade einmal 13 Mitarbeiter bei 30 Millionen Kunden. Wenn man die Firma Kodak danebenstellt, die kurze Zeit vorher Konkurs angemeldet hatte, dann sind das unvorstellbare Zahlen: Kodak hatte zu Spitzenzeiten 145 000 Mitarbeiter. Dieses Verhältnis von Mitarbeiterzahlen zu Kundenzahlen sinkt weiter. Als 2014 Facebook auch

WhatsApp für 19 Milliarden Dollar aufkaufte, arbeiteten dort gerade einmal 45 Mitarbeiter, inklusive der zwei jungen Gründer. Dabei hatte WhatsApp bereits 450 Millionen Nutzer mit seinem Service bedient, die mindestens einmal im Monat aktiv waren. Das zeigt, wie radikal anders Arbeit in der digitalen Welt funktioniert und wie wenige Arbeiter dafür nötig sind. Mit nur ein paar Mitarbeitern können Dinge produziert werden, die viele Millionen Menschen erreichen.

Ein Bekannter von mir, der in Tucson (Arizona) von zu Hause aus arbeitet, hat kürzlich eine Maschine entwickelt, die Spuren von bestimmten Elementen in der Luft erfassen kann. Mit seinem 3D-Drucker hat er bereits Hunderte seiner Maschinen zu Hause hergestellt und an Kunden auf der ganzen Welt via Internet verkauft. Wenn er jetzt noch Drohnen zum Vertrieb einsetzt, die seine Erfindung zu den Menschen bringen, basiert sein gesamtes Geschäftsmodell auf einer einzigen Person – ihm selbst.

Derartiges war 1964 noch unabsehbar, als die vier wertvollsten US-Unternehmen mit einer durchschnittlichen Kapitalisierung von 180 Milliarden Dollar (im Dollarwert von 2011) je durchschnittlich 430 000 Menschen beschäftigten.

Nur 47 Jahre später, also 1991, hatte sich das bereits grundlegend geändert. Hier hatten die größten Unternehmen der USA, die verglichen je das Doppelte wert waren, nur noch ein Viertel der Mitarbeiterzahl aufzuweisen.

Wir sind nicht nur konfrontiert mit dem Wegfall von Arbeitsplätzen durch Technik, sondern die Technologien ersetzen zunehmend auch Wissen. Die Kombination von erweiterten Sensoren, künstlicher Intelligenz, großen Datenmengen, Sprach- und Mustererkennungsalgorithmen, die sogar jeweils voneinander lernen können, erzeugen intelligente Roboter mit der Fähigkeit, sich menschliche Handlungen schnell anzueignen.

Im Bereich von »Life Sciences« ist ebenfalls eine Revolution im Gange, sodass Medikamente auf den Gesundheitszustand und das Genom eines Patienten zugeschnitten werden können. Wenn der aktuelle Trend anhält, werden auch symbolisch-analytische Tätigkeiten in den kommenden Jahren ersetzbar sein.

Besonders betroffen werden davon die zwei größten Arbeitsfelder für Fachleute in den USA sein – das Gesundheits- und das Bildungswesen. Hier herrscht ein enormer Kostendruck und es bieten sich zunehmend intelligente Maschinen als günstige und gute Alternativen an. So stehen wir unmittelbar vor einer Welle von mobilen Anwendungen im Gesundheitsbereich, die alles permanent messen – von Kalorien über Blutdruck bis zum Herzrhythmus – und zusammen mit Software-Programmen die gleichen Ergebnisse erzielen, für die früher noch extrem teure medizinische Geräte nötig waren (zum Beispiel Ultraschall, Computertomografie oder Elektrokardiogramm). Mit Diagnose-Software wird der Patient laufend darüber informiert, was die Daten bedeuten und was für ihn am besten zu tun ist.

Auch in Schulen und Universitäten finden zunehmend intelligente Maschinen Verwendung, auch wenn viele Fakultäten sich hierüber beschweren. Viele Lehrer und Professoren wurden bereits durch Software ersetzt und die Lehrinhalte werden über »MOOCs« (Massive Open Online Courses) und interaktive Online-Lehrbücher vertrieben. Das gleicht einer Eins-zu-eins-Betreuung. Hier bekommen die Studenten ständig Rückmeldungen über ihren Lernfortschritt.

Wo wird das enden?

Stellen wir uns vor, es gäbe ein kleines Gerät, nennen wir es *iEverything*, welches die Fähigkeit besitzt, alles herzustellen, was man sich wünschen kann. Auch sich selbst. Eine Wunderlampe wie von Aladdin. Man sagt, was es zu tun hat, und zack, liegt es vor einem. Das einzige Problem daran wird sein, dass es sich niemand kaufen kann. Wenn keine Arbeiter für die Herstellung gebraucht werden, gibt es keine Löhne und auch keine Kaufkraft.

Das Beispiel des iEverything ist offensichtlich abstrus. Es ist die sinnbildliche Zuspitzung eines Problems, das wir jetzt schon haben: Wenn immer mehr von immer weniger Menschen hergestellt wird, werden die Erlöse bei einem zunehmend kleineren Kreis von Besitzern, Investoren und Führungskräften landen. Der Rest wird ärmer und verliert die Möglichkeit, die Produkte zu kaufen, da er entweder arbeitslos oder in schlecht bezahlten Jobs angestellt ist.

Das dominierende Wirtschaftsmodell des 20. Jahrhunderts lautete: Massenproduktion durch viele Arbeiter zum Nutzen vieler Konsumenten. Heute stimmt das nicht mehr. Das Modell der Zukunft scheint eher: unendliche Produktion durch einige wenige für diejenigen, die es sich leisten können.

Das zugrunde liegende Problem ist nicht die Produktivität oder die Anzahl an Arbeitsplätzen, sondern die Verteilung von Einkommen und Vermögen. Die Gründer und ihre Investoren solcher Blockbuster-Ideen verdienen astronomische Summen.

Als Facebook sich WhatsApp einverleibte, hielt der Gründer und CEO Jan Koum 45 Prozent der Messenger-Aktien, was ihm auf einen Schlag 6,8 Milliarden Dollar einbrachte. Sein Mitgründer Brian Acton erhielt 3 Milliarden Dollar für seine 20 Prozent Aktienanteil. Die ersten ihrer Mitarbeiter mit je 1 Prozent Aktienbesitz erzielten dafür je 150 Millionen Dollar.

Wenn dieser Trend sich fortsetzt, werden die glücklichen Gründer der wenigen Blockbuster-Firmen sogar noch mehr Geld verdienen. Die logische Folge wird sein, dass sie dabei auch unvergleichbar große politische Macht bekommen, während die meisten Menschen nicht an den monetären Gewinnen beteiligt werden und auch ihr politischer Einfluss schwindet. Die schillernde Schar der neuesten Produkte und Dienstleistungen wird vor ihren Augen durch Einsatz der Technologien entwickelt, ohne dass sie diese kaufen könnten, da ebendiese Technologien ihre Arbeitskraft ersetzen und somit ihre Einkommensquelle versiegt ist.

Als ich meine Vorhersagen vor 25 Jahren traf, war zu erwarten, dass die modernen Technologien die Nachfrage nach gut ausgebildeten Arbeitskräften erhöhen und nach weniger gut ausgebildeten verringern würden. Deswegen lagen die Hauptanstrengungen zur Abhilfe bei Arbeitsplatzverlust und sinkenden Löhnen darin, Menschen den Weg zu besserer und vor allem zu höherer Bildung zu ebnen.

Dieser Ansatz erwies sich nur halbwegs als richtig. Die Menschen mit Collegeabschluss sind nach wie vor besser dran als die Menschen ohne. In Zahlen hieß das 2013, dass Menschen mit Universitätsdiplom im Verhältnis zu Menschen ohne einen 98 Prozent höheren Lohn pro Arbeitsstunde bekamen. Nur fünf Jahre zuvor waren das noch 89 Prozent und zu Beginn der 1980er lag dieser Wert bei 64 Prozent.

Aber die Einschätzung erweist sich als falsch, dass ein Universitätsabschluss langfristig höhere Löhne und ein größeres Stück vom Kuchen bedeuten werde. Tatsächlich lag der Höhepunkt für den Bedarf an gut ausgebildeten Arbeitskräften in den USA um das Jahr 2000. Seither ist er wieder gesunken, auch wenn die Versorgung des Arbeitsmarkts mit Universitätsabsolventen weiter steigt.

Seit dem Jahr 2000 hat die große Mehrzahl an Universitätsabsolventen nur einen geringen oder gar keinen Einkommenszuwachs erlebt. Selbst die Spitzenabsolventen der Hochschulen konnten ihr Einkommen zwischen 2000 und 2013 nur um 4,4 Prozent steigern. Ihr Einstiegsgehalt ist in derselben Zeit sogar gesunken. Hier gibt es einen Rückgang um 8,1 Prozent für Frauen und um 6,7 Prozent für Männer. Anders ausgedrückt: Ein Hochschulabschluss ist heute die Mindestanforderung für den Eintritt in die Mittelschicht, aber keineswegs ein Garant dafür, hierbei auf der Sozialleiter Boden gutzumachen. Für die gesamte Mittelschicht gilt, dass sie ihren Anteil am Gesamteinkommen zunehmend verliert. Diese Verluste wandern nach oben zu den Spitzenverdienern ab. Wie könnte das geändert werden?

Neue Regeln

Anstatt die Einkommen oder Vermögen von wenigen direkt zu besteuern und an die vielen zu verteilen, könnte ein neuer Ansatz darin liegen, den Reichtum breiter zu verteilen. Die Verteilung von Reichtum ist das Ergebnis eines Systems von Marktregeln.

Vermutlich ging es den Gründern von WhatsApp bei ihrem Unternehmen hauptsächlich darum, ein Blockbuster-Produkt zu erschaffen, mit dem sie den Jackpot knacken könnten. Dies ist ihnen offensichtlich gelungen. Aber die unvorstellbaren Dimensionen des Gewinns und das dazugehörige System von Anreizen hängen mit den Gesetzen des geistigen Eigentums zusammen, wie etwa der Geltungsdauer von Patenten und Urheberrechten. Sie regeln die Marktmacht. Wenn heute Plattformen geltendes Kartellrecht verletzen oder Unternehmen so mächtig werden, dass ihre Verträge mit Verbrauchern und Mitarbeitern unrechtmäßig werden, oder wenn Interessenkonflikte und Insiderinformationen zu Betrug führen und der Schutz von Privateigentum und Reichtum fraglich werden – haben wir hierfür keine adäquaten Gesetze. Aber Gesetze kann man ändern.

Wenn die Gesetzeslage anders wäre und zum Beispiel der US-Patentschutz die Bestimmung »neu und sinnvoll« strenger definieren würde, wäre das Patent von WhatsApp kein Nutzen im Verhältnis zu anderen Nachrichtenprogrammen. Oder wenn der US-Kongress beschließen würde, dass Patente nur drei statt der bisher geltenden 20 Jahre Gültigkeit hätten oder die Verfolgung von Patentschutz so lax wäre, dass jeder sich kostenfrei den Dienst von WhatsApp zu eigen machen könnte oder das US-Kartellrecht es Unternehmen mit Kontrolle über ein großes Netzwerk (wie Facebook) verbieten würde, eine andere Firma mit einem weiteren großen Netzwerk (wie WhatsApp) zu übernehmen, wäre der Wert von WhatsApp niemals auf 19 Milliarden gestiegen. Es wäre weit weniger wertvoll, vielleicht sogar gar nichts wert. Das hätte den Gründern wesentlich geringere oder keine Einnahmen aus einem Verkauf gebracht, ja, auch das Versprechen eines solchen Verkaufs, das mutmaßlich erst zur Gründung geführt hat, wäre nicht vorhanden gewesen. Aber wäre das ein gutes Ergebnis?

Die grundsätzlicheren Fragen sind die nach der Verteilung von Einkommen und Reichtum sowie nach angemessenen Anreizen für Gründer wie die zwei Urheber von WhatsApp. Die geltenden Marktgesetze führen zu wachsenden Gewinnen für wenige Kapitalbesitzer und zu schrumpfenden Einnahmen für die arbeitende Mehrheit, deren Einkommen ihr Überleben sichert.

Das muss so nicht sein.

Es gibt Wege, wie eine Gesellschaft ihre Gesetze so gestalten kann, dass nicht einige wenige solche Unmengen an Kapital anhäufen, und trotzdem Anreize für geniale Erfindungen gegeben sind. Aber wie findet man die angemessene Balance zwischen neuen Erfindungen und Investitionen, die möglicherweise die Lebensqualität von Millionen Menschen verbessern könnten, und dem Risiko, dass zu viel Wohlstand in die Hände einiger weniger wandert, während der große Rest verarmt?

Gibt es hierzu die eine richtige Antwort?

Sicher nicht.

Aber die Gesetze zum geistigen Eigentum könnten eine Balance herstellen, sodass potenzielle Erfinder angemessene Anreize vorfinden und gleichzeitig die Erfindungen in richtigem Maße der öffentlichen Hand etwas zurückgeben, also etwas fürs Gemeinwohl tun. Wenn das Gemeinwohl im Vordergrund steht, braucht man die heutige Form der Anreize gar nicht mehr.

Wenn man dies auf den gesamten Prozess des technologischen Fortschritts und seine zugrunde liegenden Gesetze überträgt, löst das die beiden Hauptprobleme: das Ersetzen von Arbeitsplätzen durch Technik und die exorbitanten Gewinne für die Tech-Unternehmen. Deswegen lautet der Schlüssel: die Verteilung der Lizenzgebühren für geistiges Eigentum im Sinne des Gemeinwohls, um daraus allen Bürgern ein bedingungsloses Grundeinkommen zu ermöglichen.

Umverteilung durch Grundeinkommen

Das klingt radikaler, als es tatsächlich ist. Bereits 1979 hatte der konservative Ökonom Friedrich A. von Hayek ein solches System vorgeschlagen. Heute sympathisieren viele, die sich selbst als libertär ansehen, mit der Idee eines bedingungslosen Grundeinkommens, da es die Notwendigkeit von zusätzlichen Sozialleistungen oder anderen staatlichen Transfers an arme Menschen erübrigt. Diese Transfers sind zumeist mit stigmatisierenden Vorgaben verbunden, wie das ausgehändigte Geld zu verwenden sei. Außerdem hebt das Grundeinkommen die Abhängigkeit der Menschen von Arbeitgebern auf, was sich für beide Seiten als positiv erweist, da Arbeitnehmer ihre ehrlichen Rückmeldungen frei äußern können.

Manche mögen meinen, dass ein solches System gegen das allgemeine Arbeitsethos verstößt, da es den Menschen die Struktur und Sinnstiftung ihrer Arbeit raubt. Die Antwort hierauf lautet, dass ein Grundeinkommen nur die notwendigsten Dinge für einen ordentlichen Lebensstandard abdeckt. Jeder, der über dieses Minimum hinaus etwas wünscht, wird selbstverständlich arbeiten gehen, auch wenn die Jobs z. T. aus den oben dargestellten Gründen nur mäßig entlohnt werden.

Ein Grundeinkommen wird den Menschen ermöglichen, Kunst oder anderen Nebenbeschäftigungen nachzugehen, welche ihnen wichtig sind, an deren Früchten sich die Gesellschaft erfreuen kann, seien es ästhetische Gegenstände, Literatur oder Freiwilligenarbeit. Es ist zu bezweifeln, dass ein Großteil der Gesellschaft Nichtstun der körperlichen oder geistigen Aktivität vorziehen würde. Im Gegenteil, wahrscheinlich wird ein Grundeinkommen die Wiederbelebung einer Zeit herbeiführen, als Berufe noch Berufungen glichen, die eine hohe persönliche Verpflichtung bedeuteten und nicht nur Einkommensplätze waren. Mir sind schon etliche Lehrer, Sozialarbeiter, Ärzte, Krankenschwestern und auch Politiker begegnet, die in ihrer Aufgabe diese Berufung empfinden. Bei Investmentbankern ist mir das noch nicht passiert, aber auch hier wird es das wohl geben.

Ebenso wird es für Künstler und solche, die künstlerisch tätig sein wollen, bedeuten, dass sie ihrer Betätigung freier nachgehen können. Einst war es für T. S. Eliot nötig, Land zu vermessen, wenn er gerade keine Gedichte schrieb. Walt Whitman verdiente sein Geld damit, dass er als Kopist im Büro eines Zahlmeisters der Armee arbeitete. Der junge Albert Einstein entwickelte seine Relativitätstheorie, während er als Prüfer im Patentbüro arbeitete. Aber geht dieses Nebenher heute überhaupt noch? Heute ist die Einkommensarbeit für die meisten Menschen aufdringlicher. Sie beherrscht mehr Zeit des Tages und nimmt oft auch noch Teile der Nacht in Anspruch. Wie viele angehende Dichter oder Künstler können ihrer Profession nicht nachgehen, weil sie effektiv fast die gesamte Zeit auf Abruf sind, um genug Geld zum Leben zu verdienen? Ein bedingungsloses Grundeinkommen würde mehr Freiraum schaffen und ihnen diese Möglichkeit geben.

Damit würden wir eine Zukunft vorbereiten, in der Roboter und andere technologische Apparate den Großteil der Arbeit übernehmen und gleichwohl alle Menschen davon profitieren. Das war die Gesellschaft, welche John Maynard Keynes 1928 voraussagte, als er beschrieb, dass in einem Jahrhundert die technologischen Fortschritte eine Zeit des allgemeinen Wohlstands ermöglichen würden. Was Keynes nicht bedacht hat, ist die entscheidende Frage nach den Mechanismen, wie das Geld eingesammelt und an möglichst alle Menschen verteilt werden könnte. Ein bedingungsloses Grundeinkommen, finanziert durch einen Anteil an den Lizenzen für geistiges Eigentum, würde Keynes' Vision realisieren.

Gleichwohl stammt diese Vision ursprünglich nicht von Keynes, sondern hat einen weniger berühmten Vorreiter – Thomas Paine, Autor des Pamphlets *Common Sense* von 1776.

Dessen wichtiger, aber weniger bekannter Essay von 1797, *Agrarian Justice,* blickt weit voraus und fordert, dass jede Frau und jeder Mann in Amerika 15 Pfund zu ihrem 21. Lebensjahr bekommen sollten. Dies diene als ein Grundeinkommen. Das Geld hierfür sei von einer Steuer auf das Vererben von Land zu beziehen. Paine argumentiert, dass dies die ökonomische Unabhängigkeit eines jeden fördern würde, was für die damals noch junge Demokratie entscheidend sei. Weiter notierte er, dass Privatbesitz eine menschliche Erfindung sei. Bei den Jägern und Sammlern sei klar gewesen, dass die Erde allen gehöre – als »Gemeinschaftseigentum«. Mit dem Auftreten von Landbau wurde der Landbesitz eine Rechtsform, um andere auszuschließen. Paine hielt den Besitz von Ländereien für sinnvoll und unvermeidlich, da das Gedeihen des Landes von der Verantwortung des Besitzers nicht zu trennen sei. Aber als »gerechte Entschädigung« sah er den Anteil an, welchen jeder dafür bekommen sollte, dass andere etwas für sich beanspruchten.

Die Analogie hinkt, da die Roboter in Zukunft samt den anderen technologischen Durchbrüchen kein »Gemeinschaftseigentum« beanspruchen, für welches die Bürger entschädigt werden könnten. Dennoch werden sie gute Arbeitsplätze wegnehmen, welche der Anzahl nach bereits schwinden, und damit die Chancen am Arbeitsmarkt zunehmend verknappen und verbauen. Kurz gesagt: Sie werden die Mittelklasse verdrängen, welche stets das Herzstück der fortschrittlichen Wirtschaft war. Ein Weg, dieses Schicksal zu wenden, ist ein bedingungsloses Grundeinkommen, finanziert durch die Lizenzabgaben aus Gewinnen des geistigen Eigentums. Je mehr der Wert der Aktien des intellektuellen Kapitals einer Nation wächst, desto mehr würden alle ihre Bürger die Dividenden ernten. Ohne Neuverteilung der steigenden Gewinne der wenigen glücklichen Besitzer von Robotern und anderen Technologien wird der uns derzeit bekannte Kapitalismus nicht überleben.

Es gibt gute Gründe für Optimismus. Wir sind am Scheitelpunkt einer Welle von Erfindungen und Innovationen, welche unser Leben deutlich verbessern können. Auch wenn diese Erfindungen und Innovationen unzählige Jobs kosten und die Löhne von der Mehrzahl der Arbeiter verringert werden – ein Prozess, der in den USA und anderen entwickelten Länder bereits begonnen hat –, haben wir die Möglichkeit, den Kapitalismus so umzuorganisieren, dass die Gewinne großflächig verteilt werden.

Der Markt ist eine Erfindung der Menschen. Er wird von Gesetzen geregelt, die Menschen sich ausdenken. Die Bürger einer Nation haben die Macht, die Gesetze nach ihren Bedürfnissen zu verändern. Hierfür müssen sie aber verstehen, was vor sich geht und wohin sie gehen wollen. Ein bedingungsloses Grundeinkommen ist ein erster Schritt auf dem Weg in eine bessere Zukunft.

KAPITALISMUS UND FREIHEIT

Warum der Kapitalismus ein Grundeinkommen erforderlich macht

Yanis Varoufakis

Der Kapitalismus liegt am Boden. Er leidet an einem Krampf, verursacht von seinen eigenen technologischen Erfindungen. Diese Entwicklungen in der Technik, die das System seit einigen Jahren unendlich beschleunigen, untergraben ihre eigene Brutstätte – den Kapitalismus selbst. Im 20. Jahrhundert erlebten wir die Stabilisierung und Zivilisierung des Kapitalismus durch den Aufstieg der Sozialdemokratie, den New Deal in den Vereinigten Staaten und die soziale Marktwirtschaft in Europa. Dieses soziale Paradigma ist gestorben und kann nicht wiederbelebt werden. Jetzt müssen wir die Sozialsysteme ganz neu denken, um den Kapitalismus zu zivilisieren.

Worum geht es bei der Tradition der Sozialdemokratie und des New Deal? Es geht um zwei Dimensionen: Erstens um die Einkommensumverteilung innerhalb der Lohnarbeit, eine Art Versicherung für die Arbeiterklasse. Damit versichert die Arbeiterklasse sich gegenseitig selbst. Nehmen wir zum Beispiel das »National Insurance Contribution Scheme« in Großbritannien nach dem Zweiten Weltkrieg oder die Arbeitslosenversicherung in den Vereinigten Staaten: Arbeitende Lohnarbeiter konnten effektiv Absicherungen für andere bereitstellen, das heißt Zahlungen für diejenigen ohne Arbeit gewähren. Warum? Weil die Einkommen einen gewissen Überschuss abgaben. Das gleiche Prinzip gilt für die Gesundheitsversorgung und die Renten. Lohnarbeiter in Arbeit ermöglichen Renten für diejenigen, die nicht mehr arbeiten. Es ist eine einfache Umverteilung, die der Arbeiterklasse Sicherheit gibt.

Die zweite Dimension ist die Umverteilung zwischen Kapital und Arbeit, zwischen den Zinsen und der Arbeit. Dies geschieht in Form von Mindestlöhnen, die vom Staat ausgehandelt werden. Die Tarifverhandlungen beziehen in der Regel Gewerkschaften, Arbeitgeber und den Staat sowie Transferleistungen durch das Steuersystem mit ein.

Es ist eine starke These, zu sagen, die sozialdemokratische Tradition sei tot oder im Begriff zu sterben. Dennoch: Es ist so und resultiert vor allem aus zwei gewaltigen sozialen Erdbeben, die unsere Gesellschaften auf beiden Seiten des Atlantiks erschüttert haben.

Eines davon ist der Prozess der »Finanzialisierung«, der Verschiebung der Macht zugunsten der Finanzmärkte, der einen großen Keil zwischen Kapital und Arbeit getrieben hat. Das schuf eine neue Form des finanzmarktgetriebenen Kapitals, das im Wesentlichen sowohl der Arbeit als auch dem alten Kapital die Kräfte entzogen hat. Diese unerbittliche Macht der Finanzialisierung kam im Jahr 2008 ans Tageslicht. So wie 1991 der Sozialismus mit dem Zusammenbruch der Sowjetunion unterging, so ist 2008 der Kapitalismus gestorben.

Unser jetziges Regime ist der »Bankrottismus«. Seine Besonderheit ist, dass es von bankrotten Banken beherrscht wird. Es sind merkwürdige Zeiten – die Banken sind in einen Negativ-Wettstreit geraten. Je kaputter und zahlungsunfähiger eine Bank ist, desto besser ist sie darin, die wirtschaftlichen Werte und Zinsen von der übrigen Gesellschaft an sich zu reißen, inklusive des industriellen Kapitals und der Arbeit.

Das Hauptproblem am Bankrottismus ist die Tatsache, dass seit über sechs Jahren ein zynischer Massentransfer von Reichtum, von Einkommen und von Werten aus der Produktion in Richtung des finanzialisierten Finanzsektors abfließt. Der Finanzsektor aber bleibt dabei in Wirklichkeit insolvent, trotz dieses zynischen Massentransfers. Das schafft neue Probleme. Es sind massive deflationäre Kräfte am Werk. Fragen wir jemanden von der Bundesbank, der Europäischen Zentralbank, der Bank of Japan oder der amerikanischen FED – sie alle können nachts nicht schlafen, weil die Hälfte der weltweiten Wirtschaft in negativen Zinssätzen dahinvegetiert. Das zeigt spiegelbildlich den Zusammenbruch des Gesellschaftsvertrags des 20. Jahrhunderts – also des sozialdemokratischen Vertrags und des

New-Deal-Vertrags. Genau dieser Zusammenbruch geschah im Jahr 2008. Deswegen kann die Welt nach 2008 nicht mehr auf die Art und Weise verstanden werden, wie es vor 2008 noch möglich war, so wie die Welt nach 1929 keinen Sinn mehr ergab aus der Perspektive des Goldstandards, der bis 1929 Bestand hatte.

Die Deflation hat die erste Säule der sozialdemokratischen Tradition vernichtet, indem sich die Arbeiterklasse nicht mehr selbst versichern kann und die Löhne in einem Maße stagnieren, dass die Arbeiterklasse keine Möglichkeit mehr hat, sich selbst zu versichern.

Kann Politik regieren?

Kommen wir zum zweiten Punkt – der Umverteilung von Kapital und Arbeit, welche zunehmend unmöglich wird. Die Politik ist hierbei keine Stütze, sie erweist sich als toxisch. Dabei bräuchte es eine politische Führung für diese Umverteilung. Die politische Führung war auch ein wesentlicher Bestandteil des New Deal in der Sozialdemokratie. Aber Europa und die Vereinigten Staaten sind nicht mehr regierbar. Das erkennt man leicht, wenn man sich die Verhandlungen zwischen Griechenland, der Troika und der Europäischen Union oder die US-amerikanische Innenpolitik der vergangenen Jahre anschaut, in der das Weiße Haus den Kongress mit Veto stoppte und der Kongress alles per Veto blockierte. Hierin liegt das erste Erdbeben.

Das zweite Erdbeben ist nichts Neues, es ist, mit einem Science-Fiction-Filmtitel gesprochen, die »Rebellion der Maschinen« – so lautet der Untertitel von *Terminator 3*. Künstliche Intelligenz wird in sehr naher Zukunft – und tut es vielfach bereits heute – alle repetitive, routinemäßige oder algorithmische Arbeit ersetzen. Flächendeckend wird das auf jeden Fall dann passieren, wenn Maschinen den Turing-Test bestehen, der ihnen ein dem des Menschen gleichwertiges Denkvermögen bescheinigt, das heißt, wenn es für uns nicht mehr möglich sein wird, am Telefon eine Computerstimme von einer echten Stimme zu unterscheiden. Wenn das eintritt, wird es einen massiven Verdrängungseffekt geben, der zum ersten Mal in der

Geschichte des Kapitalismus den Effekt der Schaffung von Arbeitsplätzen übersteigt, das heißt, dass mehr Arbeitsplätze zerstört als neue geschaffen werden.

Zwar sind die Beschäftigungsquoten zum Beispiel in Großbritannien und den USA aktuell recht hoch. Wer aber genauer hinschaut, der sieht, dass der Großteil dieser Arbeitsplätze Routinejobs im Niedriglohnsektor sind, die geschaffen wurden, um die 2008 verloren gegangenen Arbeitsplätze zu ersetzen. Das ist der gleiche Prozess, wie er zuvor schon 1975[1] und 1983[2] geschehen ist. Diese Jobs werden als Erste von künstlicher Intelligenz ersetzt werden, sobald diese den Turing-Test besteht. Wir stehen hier vor einem massiven Problem. In Verbindung mit dem vorher Erwähnten wird diese Verschiebung die deflationären Prozesse verstärken, die unseren Bankern der Zentralbanken den Schlaf rauben, weil sie einen erheblichen Teil der Gesamtnachfrage vernichten wird. Das wird ein noch höheres Maß an Einkommensungleichheit und vor allem ein Ungleichgewicht zwischen Ersparnissen und Investitionen schaffen. Der Wert des Geldes und der Zinssatz werden damit unter die derzeit schon sehr niedrigen Niveaus gezwungen.

Neues Paradigma

Aus diesem Grund brauchen wir ein bedingungsloses Grundeinkommen. Es ist ein wesentlicher Bestandteil jeden Versuchs, die Gesellschaft zu stabilisieren und zu zivilisieren. Hier stehen uns intensive Auseinandersetzungen bevor, wenn wir die Herzen und Köpfe der Menschen für diese Idee gewinnen wollen. Es wird ein ethischer

1 In der Rezession der 1970er Jahre kam der Boom der Nachkriegszeit zum Erliegen und eine hohe Arbeitslosigkeit traf auf eine hohe Inflation. Diese erste Stagnation nach den Jahren des Wirtschaftswunders führte politisch zu großen Anstrengungen für die Schaffung von Arbeitsplätzen.

2 US-Präsident Ronald Reagans Arbeitsmarkt-Deregulierung schuf im Jahre 1983 ungefähr 250 000 Jobs pro Monat. Allerdings gingen diese Arbeitsplätze mit hohen Einbußen beim Einkommen und der Beschäftigungssicherheit einher.

Kampf, der nicht nur von denen geführt wird, die viel besitzen, sondern auch von jenen, die nichts haben. Gleichzeitig werden Sozialdemokraten und Linke aufbegehren, also jene, deren Würde-Begriff reflexartig gegen die Vorstellung rebelliert, dass Menschen Geld fürs Nichtstun bekommen.

Deshalb müssen wir vom Grundeinkommen so sprechen, dass deutlich wird, was es wirklich ist. Denn im weitesten Sinne erlaubt uns das Grundeinkommen, ein neues Narrativ für die Lebenssituation im Kapitalismus zu finden. Die heute dominierende Lesart des Kapitalismus ist das Paradigma, dass wir eine private Produktion von Reichtum haben, von dem sich der Staat seinen Teil für soziale Zwecke abzweigt. Aber in Wirklichkeit wird unser Reichtum kollektiv generiert und fließt dann in einige wenige private Hände.

Ein Beispiel mag das verdeutlichen: Wenn wir ein iPhone in die Hand nehmen und es öffnen – was finden wir darin? Wir finden eine Vielzahl von Technologien, die jeweils durch Zuwendungen der öffentlichen Hand geschaffen wurden. Keines der technischen Wunderdinge wurde von Apple erfunden. Das Gleiche gilt für die Entwicklungen bei Google oder Facebook – ihre Erfindungen wurden nicht von ihnen selbst gemacht. Sie profitieren von den Forschungsgeldern aus der öffentlichen Hand, privatisieren aber die Gewinne daraus.

Dieses Narrativ müssen wir verdeutlichen. Solange wir das nicht klarstellen, werden wir nicht einmal in der Lage sein, diejenigen vom Grundeinkommen zu überzeugen, die davon profitieren werden. Sie verstehen nicht, dass es sich lohnt, dafür zu kämpfen.

Deswegen beziehe ich mich auf die kollektive Produktion von Reichtum, der anschließend privat angeeignet wird. Wenn wir auf diese Weise zu denken anfangen, dann ist es wirklich einfach, ein Grundeinkommen als eine gerechte Dividende für die gesamte Gesellschaft zu verstehen. Eine Dividende, die an alle gleichermaßen geht, da die Gründe für die enormen Privatgewinne auch aus dem Kollektiv stammen. Die illusorische und falsche Trennung zwischen Markt und Staat müssen wir auflösen. Sie stimmt einfach nicht. Ohne Staaten gäbe es keine Märkte. Ohne Staaten gäbe es keinen Kapitalismus. Es gäbe keine Firmen wie Apple oder Google. Aber es gäbe auch den Staat nicht, wenn es keine privaten Unternehmer und privaten Firmen gäbe. Deswegen müssen wir diese Trennung aufheben – dann können wir das Narrativ umschreiben.

Versuchen wir es praktisch: Beim Grundeinkommen geht es darum, Geld an diejenigen zu geben, die in manchen Augen unwürdig erscheinen, dieses zu bekommen. Es geht um Geld, das auch die Reichen bekommen sollen, auch diejenigen, die wir nicht mögen, die Surfer, die Faulenzer, die wir nicht als unsere Kinder wollen, und wenn sie unsere Kinder sind, schelten wir sie für ihr Tun oder Nichtstun.

Wir dürfen uns nicht damit ablenken, dass wir denken, nur die »guten« Menschen sollten das Geld bekommen, diejenigen, die es offensichtlich auch verdienen. Im Gegenteil – das Grundeinkommen bringt uns zu Bewusstsein, dass jeder Mensch Geld braucht, weil er zur Gesellschaft gehört. Dieses Geld sollten wir jedem Menschen in der Gesellschaft zugestehen, da aus dieser Gesellschaft auch die Privatgewinne stammen.

Hinzu kommt die neue Stabilität, die ein Grundeinkommen gewährt. Auch das müssen wir uns bewusst machen: Ein Grundeinkommen hilft gegen Deflation. So könnten die Zentralbanker endlich wieder ruhig schlafen gehen. Es ist eine einzigartige Verteidigung gegen die rezessiven Auswirkungen der Krise von 2008, die seither alles auf kleiner Flamme verbrennt.

Ein festes Fundament

Sicherlich gibt es anständige Argumente gegen ein Grundeinkommen, vor denen wir uns nicht verstecken müssen. Manche Menschen entgegnen: »Die Reichen brauchen kein Grundeinkommen.« Das ist natürlich richtig, aber sie brauchen auch keine Steuervergünstigung, durch welche die ersten 10 000 Euro des Gehalts steuerfrei verdient werden. Darum jedoch schert sich niemand.

Es gibt den Einwand, dass es besser wäre, das Geld nur an diejenigen zu geben, die es wirklich brauchen und verdienen. Ja, natürlich, aber dann müssen wir auch die andere Seite der Medaille betrachten und sehen, dass es ein Problem nach sich zieht. Um die einen von den anderen zu unterscheiden, braucht es einen gewaltigen Bürokratieapparat. Die Bürokratie aber ist ein sehr fruchtbares Wesen und neigt dazu, sich schnell zu vermehren. Was daraus entsteht, ist eine Machtausübung der Bürokraten über die Gesellschaft. Dabei finden sie schnell Wege, wie sie diejenigen, die eigentlich das Geld benötigen, mit Stigmata belegen, sodass es als unwürdig gilt, das Geld anzunehmen. Und schon sind die, denen wir das Geld gönnen wollten, wieder als Verlierer gebrandmarkt. Diese Auswüchse der Bürokratie will niemand. Aber sie stehen auf demselben Papier wie die Unterscheidung und Aussortierung der Menschen. Das muss man mitbedenken. Es ist ein ähnliches Phänomen wie die Psychiatrie. Sobald es eine Anstalt für Verrückte gibt, stellt sich die Frage: Wer ist verrückt? Es braucht eine Begründung, wer da hineinkommt. Das erzeugt eine Machtstruktur – das Zertifikat des Psychiaters verleiht die Entscheidungsgewalt, einzuteilen, wer »verrückt« ist und wer das Recht hat, ein freier Bürger zu sein. Das hat Michel Foucault in seiner Geschichte über das Irrenhaus sehr gut dargelegt.

Ein weiteres Argument gegen ein Grundeinkommen, mit dem wir uns auseinandersetzen müssen, ist die Forderung, dass Menschen ein Recht auf Arbeit, aber kein Recht auf Einkommen haben. Deswegen sollten wir uns lieber für Arbeit, nicht für Faulheit einsetzen. Dazu gibt es zwei Punkte zu entgegnen: Erstens gibt es nichts, was uns als Gesellschaft davon abhält, diejenigen zu tadeln, die nur auf der faulen Haut liegen. Aber sollten wir sie verhungern lassen? Wenn meine Kinder faul wären, würde ich sie sicherlich dafür tadeln, aber ich würde sie keinesfalls aus dem Haus werfen.

Der zweite, wichtigere Punkt ist, dass es essenziell zu einem funktionierenden Arbeitsmarkt und zu einer zivilisierten Gesellschaft dazugehört, dass jeder Mensch eine Arbeit auch ablehnen kann. Um dazu aber in der Lage zu sein, muss es für die Menschen eine tatsächliche und für sie sichtbare Alternative geben. Verzweifelte Menschen sind bereit, verzweifelte Dinge zu tun. Dazu sollten wir sie als Gesellschaft niemals zwingen.

Ich habe bereits an verschiedenen Universitäten gearbeitet und erinnere mich an die alten Tage, als die Reinigungskräfte der Universität sich noch wie meine Chefs verhielten. Sie kamen regelmäßig in mein Büro und wussten Bescheid – über mich, meine Familie, meine Frau. Abends schickten sie mich nach Hause mit den Worten: »Was machst du noch hier? Es ist 20 Uhr, geh nach Hause zu deiner Frau.« Sie hatten ein Empfinden dafür, dass sie zur Institution gehörten, ja, dass sie für die Institution eine wichtige Aufgabe erfüllten.

Im Laufe der Zeit wurden diese Arbeitsplätze an Subunternehmen vergeben, die ständig wechselnde, gesichtslose Menschen anheuerten, die über Nacht für Sauberkeit sorgen. Sie verdienen weniger und empfinden keine Zugehörigkeit zu ihrem Einsatzort, ob das nun eine Universität oder die National Gallery in London ist.

Warum ist dieser Prozess außer Kontrolle geraten? Die Reinigungskräfte hatten keine andere Wahl – sie konnten den Konditionen der Subunternehmer nicht widersprechen. Für sie gab es keine Alternative.

Um nicht nur die negativen Seiten aufzuzeigen, die heute ein Grundeinkommen sozial erforderlich machen, sollten wir auch die positiven Argumente zu Wort kommen lassen. Denn nicht nur die makroökonomische Perspektive ist wichtig, die zeigt, dass ein Grundeinkommen für die Stabilisierung der Finanzmärkte, für Investments und die Nachfrageseite essenziell ist, sondern auch die mikroökonomische Ebene und die soziologische Betrachtung sind aufschlussreich.

Die Sozialdemokratie hat die Idee eines sozialen Sicherheitsnetzes in die Welt gebracht. Netze sind wichtig, wenn man fällt. Sie können einen vor dem harten Aufprall bewahren. Aber wenn man einmal in einem Netz gefangen war, weiß man, wie schwierig es sein kann, wieder herauszukommen. Man hängt in den Seilen fest und kann sich nicht frei bewegen.

Ein Grundeinkommen sollten wir viel eher als ein Fundament verstehen. Ein fester Grund, auf dem jeder Mensch sicher stehen kann, um nach den Sternen zu greifen.

Libertäre Wirtschaftswissenschaftler, politische Ökonomen und

Theoretiker sowie Politiker, die Freiheit als eine treibende Kraft preisen, definieren Freiheit in einem negativen Sinne. Sie stellen sie dar im Sinne eines Fehlens von Zwängen, als Freiwilligkeit. Sie denken zum Beispiel: Wenn jemand einen Vertrag unterschreibt, so muss dies per Definition ein freier Vertrag sein. Deswegen ist es immer ein Ausdruck des freien Willens, einen Vertrag zu unterschreiben. Aber das stimmt nicht. Es ist wie bei der Mafia: Sie bietet uns Optionen an, zu denen wir nicht Nein sagen können, sodass eine Annahme der Optionen noch lange nicht heißt, dass wir in der Wahl frei sind.

Dass die griechische Regierung die Forderungen der Troika im Sommer 2015 akzeptierte, macht diese noch lange nicht zu einer ausgewogenen, freien Entscheidung. Um einen freien Vertrag zu schließen, der auf beiden Seiten wirklich als frei gewertet werden kann, müssen auch beide Seiten Nein sagen können. Gelebte Freiheit gibt es erst, wenn jede Seite auch Nein sagen kann. Hierzu benötigen die Menschen ein Grundeinkommen.

Schließlich wird ein Grundeinkommen ermöglichen, dass die kreative Arbeit der routinierten vorgezogen wird. Das wird nötig sein, da die algorithmischen Routinetätigkeiten sowieso von künstlicher Intelligenz übernommen werden. Wenn wir also wollen, dass die kranken Symptome des Kapitalismus geheilt werden, die uns sonst einholen, weil der Kapitalismus Geräte hervorbringt, die selbst nicht lebensfähig sind und den Kapitalismus untergraben, dann brauchen wir eine neue soziale Sicherheit für das 21. Jahrhundert, in welcher jeder Mensch den Anspruch auf einen Teil des Gesamtgewinns erhält. Dieser Anspruch wird ein dauerhaftes Einkommen für jeden Menschen sein. Ich sehe keinen Grund, warum unsere Kinder nicht von einem Treuhandfonds profitieren sollten. Warum hat Paris Hilton ein Recht auf ein unbegrenztes Einkommen, wenn das sonst keinem oder nur sehr wenigen Menschen zusteht? Denken wir uns das Grundeinkommen als einen Treuhandfonds für alle, welcher aus den Dividenden des gesamten Kapitals bezahlt wird, das letztlich auch von allen erzeugt wurde.

WOHLFAHRT ODER EIGENVERANTWORTUNG?

Das bedingungslose Grundeinkommen aus liberaler Sicht

Michael D. Tanner

Weltweit wird zunehmend offensichtlich, dass der alte bismarcksche Sozialstaat ausgedient hat. Teuer, undurchsichtig, verwirrend komplex und destruktiv für die Arbeitsmoral, trifft heute der Wohlfahrtsstaat die Steuerzahler auf beiden Seiten – die Reichen wie die Armen. Das System gleicht einem Relikt aus dem 19. Jahrhundert – in einer Welt des 21. Jahrhunderts. Die Debatte darüber mündet allerdings viel zu häufig in eine unfruchtbare Auseinandersetzung. Die eine Seite fordert: Die Sozialleistungen müssen erhöht werden! Die andere Seite erwidert: Schafft sie ab!

Zugrunde liegt die Frage, ob wir den jetzigen Zustand absichern, indem wir mehr Schulden machen, mehr Steuern eintreiben und umverteilen können, oder ob wir ihn eher durch Kürzung der Sozialleistungen stabilisieren und damit eine Zunahme an sozialer Unsicherheit riskieren? Keiner der Ansätze erweist sich als hoffnungsvoll. Es drängt sich die Frage auf, ob es nicht einen ganz neuen Ansatz bräuchte. Könnte nicht ein neues Sozialsystem aus unserem Jahrhundert die Aufgaben besser lösen?

Unter den klassischen Liberalen und denjenigen, die auch an die Kraft eines schlanken, zurückhaltenden Staates glauben, setzt sich zunehmend die Idee durch, alle Sozialleistungen durch ein bedingungsloses Grundeinkommen zu ersetzen. Damit würde die gesamte Palette des bestehenden Wohlfahrtssystems durch eine einzige, bedingungslose Geldzuwendung ersetzt. Wenn man das zum ersten Mal hört, ist die Reaktion häufig: Das ist verrückt! Den Menschen einfach Geld geben? Ist das nicht das Herzstück moderner Wohlfahrt? Erinnern sie sich an Margaret Thatchers Kritik am Wohlfahrtstaat? Sie sagte: »Letztendlich geben Sie das Geld anderer Leute aus.«

Gleichwohl, ein bedingungsloses Grundeinkommen ist kein neues Konzept für klassische Liberale. Bereits Friedrich A. von Hayek[1] hat einst notiert: »Ich habe immer gesagt, dass ich für ein Grundeinkommen bin – für alle Menschen im Land.«[2] In seinem Buch *Recht, Gesetzgebung und Freiheit* schreibt Hayek:

»Die Sicherstellung eines bestimmten Minimaleinkommens für jedermann oder eine Art von unterer Grenze, unter die keiner zu sinken braucht, selbst wenn er außerstande ist, für sich selbst zu sorgen, erscheint nicht nur als ein vollkommen legitimer Schutz gegen ein Risiko, das allen gemeinsam ist, sondern als ein notwendiger Teil der großen Gesellschaft, in der das Individuum nicht länger spezifische Ansprüche an die Mitglieder der besonderen kleinen Gruppe hat, in die hinein es geboren worden ist.«[3]

Bekanntermaßen hat auch Milton Friedman[4] eine Form von Grundeinkommen befürwortet, indem er eine »negative Einkommensteuer« vorschlug, die besonders Menschen mit geringem Einkommen unterstützen sollte. Auch Robert Nozick[5] befürwortete eine soziale Grundabsicherung, als Ausgleich für vergangene Verletzungen von Rechten und andere geschichtlich verübte Ungerechtigkeiten.

1 Friedrich A. von Hayek war ein österreichischer Ökonom und Nobelpreisträger der Wirtschafswissenschaften. Er gilt als einer der wichtigsten Vordenker von Liberalismus und Neoliberalismus.

2 F. A. von Hayek: Hayek on Hayek: An Autobiographical Dialogue, herausgegeben von Stephen Kresge und Leif Wenar. 1994.

3 F. A. von Hayek: Recht, Gesetzgebung und Freiheit. Band 3: Die Verfassung einer Gesellschaft freier Menschen. 1981, S. 83.

4 Milton Friedman war amerikanischer Ökonomieprofessor und erhielt den Nobelpreis für Wirtschaftswissenschaften. Er gilt als eine Ikone der klassischen Liberalen.

5 Robert Nozick war Harvard-Professor und wurde besonders durch sein Buch *Anarchy, State and Utopia* bekannt, worin er einen minimalen Staat skizziert, der lediglich die natürlichen Rechte und das Eigentum seiner Bürger schützt.

Charles Murray[6] will laut seinem Buch *In Our Hands: A Plan to Replace the Welfare State* den US-Wohlfahrtsstaat radikal reduzieren und so umwandeln, dass es nur noch eine einzige allgemeine Geldausschüttung gibt. Kürzlich hat auch Matt Zwolinski[7] im *Cato Unbound* einen »pragmatischen liberalen Vorschlag für ein bedingungsloses Grundeinkommen«[8] unterbreitet.

Insgesamt kann man sagen, dass ein bedingungsloses Grundeinkommen einige Vorteile gegenüber dem heutigen Wohlfahrtsstaat bietet. Es wäre offensichtlich wesentlich einfacher und vielfach transparenter als das Sammelsurium an bestehenden Programmen gegen Armut. Hiervon betreibt und finanziert die Regierung der Vereinigten Staaten über 100 unterschiedliche Programme, von welchen 72 Geldtransfers oder andere bezahlte Leistungen (Wohnen, Essen, Medizinversorgung und so weiter) umfassen. Die europäischen Sozialstaatsprogramme sind nur geringfügig unkomplizierter. Sie bieten Sozialhilfe, Familienhilfe, Wohngeld und diverse Steuergutschriften (siehe Abbildung 1). In Deutschland, dessen Sozialsystem besser strukturiert ist, gibt es für arme Menschen Arbeitslosengeld II, für alle Familien mit Kindern Kindergeld und vielseitige Zuschüsse zum Wohnen. Arbeitslosengeld I oder Renten sind hierin nicht inbegriffen.

Mit den verschiedenen, oft widersprüchlichen Anspruchsvoraussetzungen sind unsere aktuellen Sozialsysteme untragbar. Sie sind weitgehend gescheitert, den Menschen effektiv dabei zu helfen, der Armut zu entkommen. Für die Befürworter dessen, dass der Staat sich aus dem Leben der Menschen heraushalten solle, geht ein Grundeinkommen in die richtige Richtung. Es ist weniger paternalistisch, denn es behandelt die Menschen wie Erwachsene und nicht wie Kinder, denen von oben herab Erlaubnisse gegeben werden oder ein Taschengeld gewährt wird.

6 Charles Murray ist Politikwissenschaftler und wurde besonders durch sein Buch *The Bell Curve* (mit Richard Herrnstein) bekannt, worin sie die Erblichkeit von Intelligenz aufzeigen.

7 Matt Zwolinski ist Philosophieprofessor an der Universität San Diego und leitet das dortige Institut für Recht und Philosophie.

8 http://www.cato-unbound.org/2014/08/04/matt-zwolinski/pragmatic-libertarian-case-basic-income-guarantee

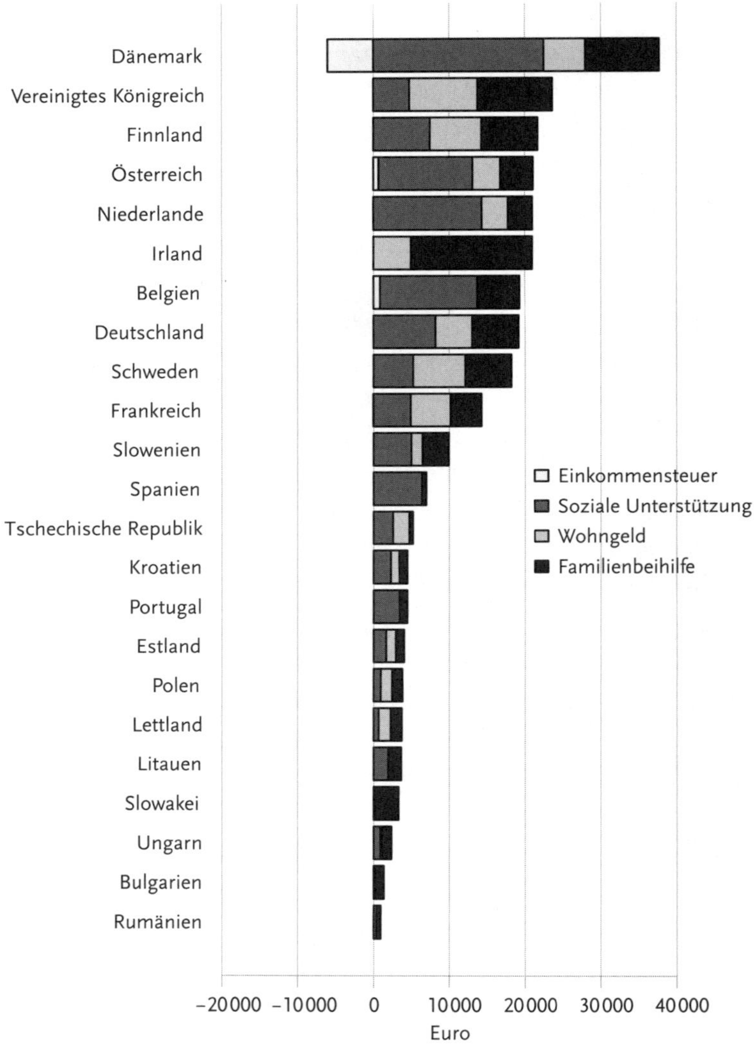

Abbildung 1: Zusammenfassung der Sozialhilfeprogramme für Alleinerziehende mit zwei Kindern[9]

Genau genommen fließt ein Großteil der Sozialhilfe heute nicht direkt an arme Menschen, sondern an Dritte wie beispielsweise Vermieter. So dienen sie eher den Anbietern von Wohnraum oder Job-

9 OECD, »Benefits, Taxes and Wages – Net Incomes.« 2013.

trainings, da die Sozialhilfeempfänger häufig durch spezifische Auflagen gezwungen sind, auf deren Angebote zurückzugreifen. Im Gegensatz dazu geht ein bedingungsloses Grundeinkommen direkt in die Hände der Betroffenen und gibt somit auch die Kontrolle über die Verwendung des Geldes ab an diejenigen, die am besten entscheiden können, wofür sie das Geld brauchen. Der Steuerzahler mag ein Bedürfnis nach Rechenschaft über die Verwendung des Geldes haben; eine solche Kontrolle ist jedoch unnötig und schadet oft.

Direkte Geldzuwendungen

Auch wenn es bislang wenig Studien dazu gibt, wie sich direkte Geldauszahlungen in Industrienationen auswirken, so zeigen Forschungen aus Entwicklungsländern, dass direkte Geldzuwendungen und Zutrauen in den Menschen bezüglich der Geldverwendung zu positiven Verhaltensänderungen führen.[10]

Die Forschungen weisen zum Beispiel darauf hin, dass diese Direktzahlungen armen Haushalten dabei helfen können, ihren Lebensunterhalt und ihre Einkommensmöglichkeiten langfristig selbst in die Hand zu nehmen. Die Menschen fühlen sich verantwortlich für ihre eigene Arbeitssuche. Mit einem Grundeinkommen können sie für den Notfall einen Puffer aufbauen. Damit wird der Zwang zu Notverkäufen oder zum Bezug von Darlehen genommen, welche beide häufig weiterführende negative Folgen mit sich bringen. Durch die regelmäßigen Überweisungen können die Haushalte kleine Investitionen tätigen oder auch ein größeres Risiko eingehen, um höhere Erträge zu erzielen.

Jüngste Studien zeigen, dass die Begünstigten von direkten Geldzuwendungen keinesfalls damit Missmanagement betreiben. Ein Ar-

10 Vergleiche unter anderen:
- Suresh de Mel et al.: One-Time Transfers of Cash or Capital Have Long-Lasting Effects on Microenterprises in Sri Lanka. 2012.
- Abhijit Banerjee et al.: Debunking the Stereotype of the Lazy Welfare Recipient: Evidence from Cash Transfer Programs. 2016.
- Christopher Blattmann et al.: The Economic and Social Returns to Cash Transfers: Evidence from a Ugandan Aid Program. 2013.

beitspapier der Weltbank[11] von 2014 wertete 30 Studien mit quantitativen Daten und Umfrageergebnissen aus, die das Verhältnis von Geldzuwendungen zu »verführerischen Waren« wie Alkohol und Tabak untersuchten. Die zusammenfassende Bewertung ergab, dass »beinahe ausnahmslos alle Studien entweder keinen signifikanten Einfluss oder einen signifikant negativen Einfluss auf die Verwendung des Geldes für verführerische Waren« aufzeigen. In der Tat gehen die Empfänger sorgsam mit den Geldzuwendungen um, auch mit Ersparnissen.

Eine 2010 veröffentlichte Studie[12] der Interamerikanischen Entwicklungsbank fand heraus, dass Empfänger eines Programms mit direkten Geldzuwendungen in Ecuador in den letzten zwei Jahren der Untersuchung einfacher an Bankkredite kamen. Dieser Wert lag bei 59 Prozent der Begünstigten gegenüber 46 Prozent der Nicht-Begünstigten. Außerdem äußerten 80 Prozent der Geldempfänger den Wunsch zu sparen.

Der Grad, in dem sich heute der Staat in das Leben der Bürger einmischt, könnte deutlich sinken, wenn wir von den vorhandenen, sich oft überschneidenden Wohlfahrtsprogrammen wegkommen, die den Menschen nur Sachhilfe vermitteln, und übergehen zu einem einfachen, bedingungslosen Geldtransfer an jeden Menschen. Gleichzeitig wäre damit den Empfängern in Bezug auf Erhaltung von Würde und Tatkraft mehr gedient. Denn den Bedürftigen mehr Verantwortung für ihr eigenes Leben zu geben heißt, ihnen mehr Entscheidungsspielraum zu lassen. Das führt wiederum dazu, dass die problematische örtliche Konzentration von Armut, welche zu Isolation der Armen von der restlichen Gesellschaft führt und die negativen Folgen der Armut langfristig zementiert, nach und nach aufbricht. Die meisten Experten sind sich einig, dass eine soziale Isolation der Armen zu dauerhafter Armut führt. Das gegenwärtige Wohlfahrtssystem aber begünstigt durch Stigmatisierung von Armut eine Fort-

11 Vergleiche David K. Evans und Anna Popova: Cash Transfers and Temptation Goods. 2014.

12 Vergleiche Pablo Samaniego et al.: Financial Inclusion through the Bono de Desarrollo Humano in Ecuador: Exploring options and beneficiary readiness. 2010.

dauer genau dieser sozialen Isolation. Arme Menschen sind oftmals genötigt, in Gegenden mit hoher Armutsdichte zu leben, da nur bestimmte Vermieter die Bezahlungen durch Sozialleistungen akzeptieren wollen oder können.

Diese armen Gegenden weisen häufig eine hohe Kriminalität auf, bieten geringe ökonomische Chancen und es mangelt an sozialem Zusammenhalt. Die Kinder aus diesen Gegenden besuchen schlechtere Bildungseinrichtungen, welche sie ungenügend auf den Arbeitsmarkt vorbereiten und ihre Möglichkeiten so weiter begrenzen. William Julius Wilson von der Harvard University, einer der führenden US-Wissenschaftler zum Zusammenhang von Armut und Rasse, zeigt auf, dass die örtlich konzentrierte Armut dazu führt, dass die Durchlässigkeit zu sozialem Aufstieg abnimmt und die Menschen den Lebensstil der Mittelklasse nicht mehr erreichen können. Die gewöhnlichen sozialen Normen, die zu Arbeit und Verantwortung auffordern, finden sich in diesen Gegenden nicht. Wilson glaubt, dass »die Effekte der Armutskonzentration exponentiell ansteigen werden (...) in Bezug auf soziale Verwerfungen«.[13]

Ein bedingungsloses Grundeinkommen würde diese Tendenz zur örtlichen Segregation mindern, aber nicht beseitigen. Beispielsweise würde es arme Menschen weiterhin in Gegenden mit niedrigen Mieten ziehen. Aber je weiter wir die arme Bevölkerung in die größere Gemeinschaft integrieren können, desto stärker werden die Kräfte zur Überwindung von Armut. Gleichzeitig wird die arme Bevölkerung auf mehr Angebote an Waren und Dienstleistungen zugreifen, wenn wir ihnen Geld statt Sachleistungen geben und sie frei wählen können, was ihnen zum Überwinden der Armut am besten dient. All dies zeigt: Wir müssen letztlich anerkennen, dass Geld nützlicher ist als Sachleistungen. Eine Studie des Institute of Development Studies führt aus:

»Arme Menschen nutzen eine Vielzahl von informellen Tools, um mit ihren begrenzten und variablen Einkommen umzugehen. Oftmals sind diese Werkzeuge jedoch ineffizient und kostspielig. Hin-

13 William J. Wilson: The Truly Disadvantaged. 1987, S. 57.

gegen ermöglichen schon kleine Ersparnisse in Bankdienstleistungen wie Sparbüchern, die unregelmäßigen Einkünfte auszugleichen und den Konsumbedarf zu decken, selbst in Krisenzeiten. Sie ermöglichen, Geld flexibel zur Seite zu legen, das später in einen sinnvollen Vermögenswert umgewandelt werden kann, etwa in ein Fahrzeug oder in Vieh. Sparkonten können auch dazu dienen, größere Pauschalbeträge anzusparen, um sie dann in Wirtschaft oder wohnliche Verbesserungen zu investieren. Vermögenswerte wie Gesundheit, Bildung, der Besitz eines Hauses oder Geschäfts oder auch Nutztiere bieten eine direkte oder indirekte Einnahmequelle, die mehr Konsum erlaubt. Im Gegensatz zu Krediten geben Ersparnisse den Begünstigten erste Erfahrungen mit Finanzinstrumenten, die weder riskant noch teuer sind. Zudem ist, anders als bei Krediten, kein besonderes Projekt oder eine bestimmte Geschäftsidee erforderlich, für die das Geld gebraucht wird. Außerdem bietet die Teilnahme an Finanzdienstleistungen das Potenzial, den Generationenkreislauf der Armut zu durchbrechen, weil Vermögenswerte vererbt werden können.«[14]

Die Umwandlung des bestehenden Wohlfahrtssystems hin zu Barzuwendungen wird wahrscheinlich zwei Entwicklungen begünstigen: Erstens fordert es von den Empfängern mehr Eigenverantwortung und zweitens gibt es den Empfängern mehr Möglichkeiten, am allgemeinen Wirtschaftsleben teilzunehmen. Dies sind zwei wichtige Vorteile eines bedingungslosen Grundeinkommens im Vergleich zu traditionellen Wohlfahrtssystemen. Allerdings ist der noch entscheidendere Unterschied die Frage der Anreize. Heutige Wohlfahrtsprogramme nehmen mit steigendem Einkommen ab. Faktisch erzeugt das eine hohe Grenzsteuer[15], was von der Aufnahme einer Arbeit oder auch von einer Heirat abhält. Arme Menschen sind zum größten Teil nicht faul, aber sie sind eben auch nicht dumm. Wenn sie durch Arbeit nicht mehr verdienen können, als sie durch Sozialleistungen erhalten, bleiben viele lieber bei den Sozialleistungen. Mit ei-

14 Jessica De Los Rios und Carolina Trivelli: Savings Mobilization in Conditional Cash Transfer Programs: Seeking Mid-Term Impacts. 2011.

15 Grenzsteuern bezeichnen den Anteil, der mit jedem weiteren zu versteuernden Euro als Steuern abzuführen ist.

nem Grundeinkommen wäre das anders, da hier keiner dafür bestraft wird, wenn er die Sozialleistungen hinter sich lässt und fortan ein Einkommen aus Arbeit bezieht.

Anreiz zur Arbeit

In neun EU-Ländern liegen die Sozialleistungen für einen Erwachsenen bei über 15 000 Euro pro Jahr. In sechs Ländern liegen sie sogar bei über 20 000 Euro. Dänemark gewährt die höchsten Zahlungen mit bis zu 31 709 Euro. Auf der anderen Seite sind die Sozialleistungen in einigen osteuropäischen Ländern (Ungarn, Bulgarien und Rumänien) sehr niedrig.

Da Kaufkraft und Bruttoinlandsprodukt pro Kopf in den verschiedenen EU-Ländern sich stark unterscheiden, können Vergleiche irreführend sein. Abbildung 2 vergleicht deswegen den Wert der Sozialleistungen für Alleinerziehende mit zwei Kindern mit dem Brutto-Mindesteinkommen des Landes. Da nicht für alle Länder ein Mindesteinkommen berechnet wird, zeigt die Grafik nur die Länder, für welche diese Zahlen vorliegen.

Wie man sehen kann, überschreiten in neun Ländern (Belgien, Tschechien, Estland, Irland, Litauen, Lettland, Holland, Slowenien und Großbritannien) die Sozialleistungen für eine Mutter mit zwei Kindern das Mindesteinkommen.

Ein anderer Blick auf diese Daten wäre, die Sozialleistungen mit dem durchschnittlichen Einkommen in den Ländern zu vergleichen (siehe Abbildung 3). Hier zeigt sich, dass in elf Ländern die Sozialleistungen die Hälfte des durchschnittlichen Nettoeinkommens überschreiten. In sechs Ländern entsprechen die Sozialleistungen circa 60 Prozent des Durchschnittseinkommens, in Dänemark sind es sogar 70 Prozent.

Bei dieser Generosität der Wohlfahrtsprogramme überrascht es nicht, dass manche Menschen sich lieber dafür entscheiden, bei den Sozialleistungen zu bleiben, anstatt einen Job anzunehmen. Wenn jemand fürs Nichtstun so viel bekommt, wie er bei einer Arbeit verdie-

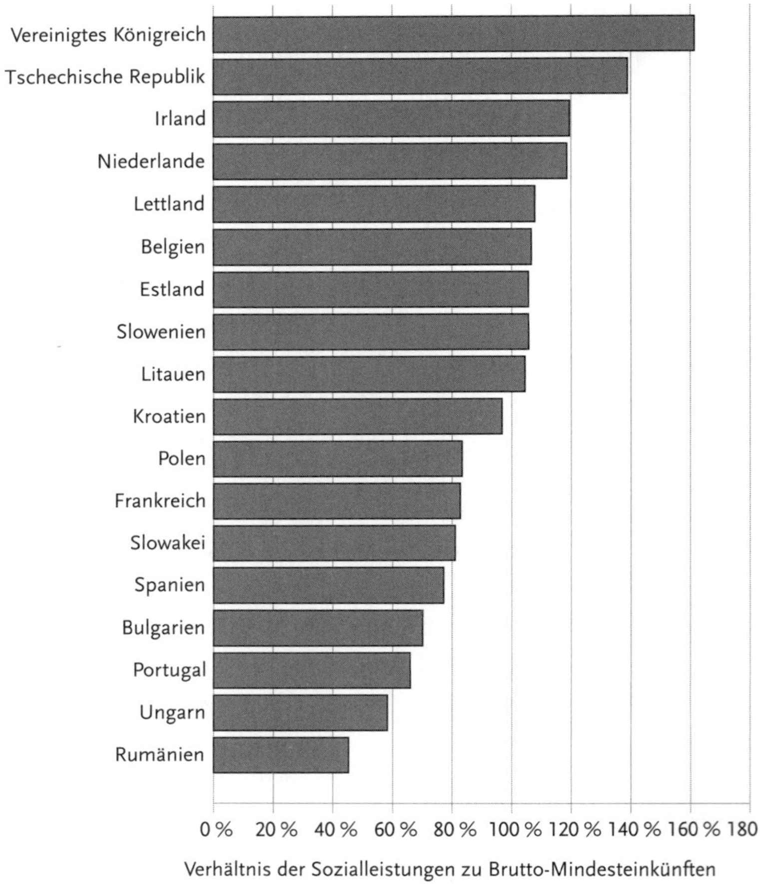

Abbildung 2: Sozialleistungen für Alleinerziehende mit zwei Kindern im Vergleich zum Brutto-Mindesteinkommen[16]

nen könnte, wird Nichtstun eine rationale Entscheidung. Wer nicht arbeiten will, dem ist die Verfügbarkeit von Sozialleistungen ein höherer Anreiz als die Arbeit.

Zusätzlich stehen verschiedene Kosten der Aufnahme von Arbeit entgegen. Arbeitende Menschen zahlen Steuern für jeden verdienten Euro. Gleichzeitig sinken oder enden die meisten Sozialleistun-

16 Europäische Kommission: Monthly Minimum Wages – Bi-Annual Data. Eurostat. OECD: Benefits, Taxes and Wages – Net Incomes. 2013.

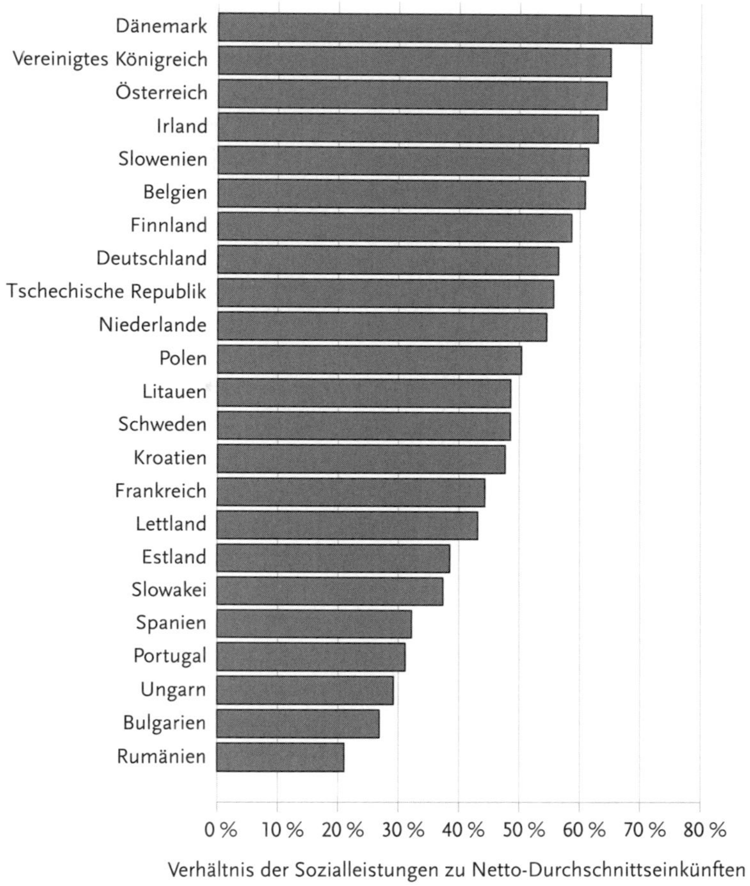

Abbildung 3: Sozialleistungen für Alleinerziehende mit zwei Kindern im Vergleich zu durchschnittlichen Nettoeinkünften[17]

gen, sobald die Arbeit ein Einkommen ermöglicht. Das Ergebnis ist, dass jeder zusätzlich verdiente Euro wesentlich weniger wert ist als ein tatsächlicher zusätzlicher Euro. Viele Ökonomen kümmern sich hauptsächlich um die negativen Anreize von hohen Grenzsteuersätzen für Besserverdienende. Dabei treffen einige der größten Effekte von Grenzsteuersätzen die arme Bevölkerung am meisten, die durch Arbeit die Wohlfahrtsprogramme verlassen.

17 OECD: Benefits, Taxes and Wages – Net Incomes. 2013.

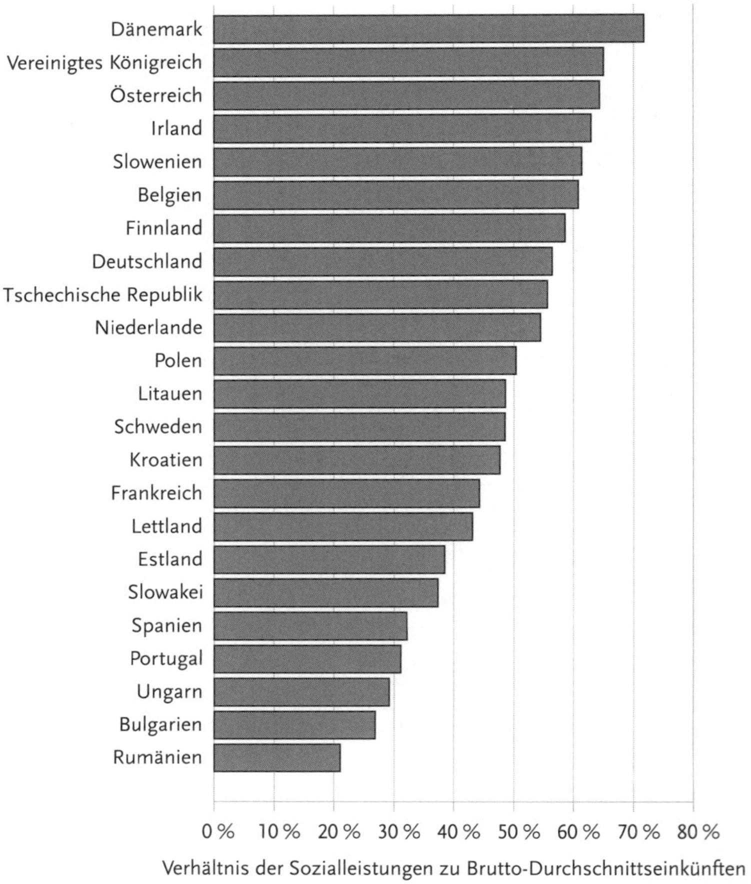

Abbildung 4: Die Untätigkeitsfalle: Effektiver Grenzsteuersatz für Alleinerziehende mit zwei Kindern, bei denen Sozialleistungen wegfallen, da sie ein Einkommen in der Höhe von 50 Prozent des Durchschnittseinkommens erzielen.[18]

Abbildung 4 zeigt eine Studie, welche die tatsächlichen Grenzsteuersätze sowie die Abzüge durch zusätzliches Einkommen und ausbleibende Sozialleistungen von Alleinerziehenden untersucht. Angeschaut werden Alleinerziehende aus der gesamten EU, die Arbeit aufnehmen und rund die Hälfte des Durchschnittseinkommens ver-

18 Europäische Kommission: Inactivity Trap. Tax and Benefits Database, Economic and Financial Affairs. 2013.

dienen, wodurch ihnen dann die Sozialleistungen gestrichen werden.

In Österreich, Kroatien und Dänemark ist der effektive Grenzsteuersatz bei nahezu 100 Prozent, was bedeutet, dass den Alleinerziehenden keinerlei zusätzliches Geld durch Arbeit zur Verfügung steht. Wahrscheinlich wäre der alleinerziehende Elternteil in diesen drei Ländern durch die zusätzlichen Ausgaben für die Arbeit sogar schlechter dran, selbst wenn der Wegfall der Frei- und Familienzeit nicht mit eingerechnet wird.

In 16 der untersuchten Länder würde der untersuchte Fall eine steuerliche Abgabe der Einkünfte von 50 Prozent bedeuten. Nur in der Slowakei geht mit der Aufnahme einer Arbeit keine finanzielle Bestrafung einher.

Es lohnt sich, darauf hinzuweisen, dass Abbildung 4 einen signifikant über dem Mindesteinkommen liegenden Durchschnittslohn annimmt. Viele Einstiegsgehälter aber liegen unter dem nationalen Durchschnittseinkommen. In diesem Fall wäre das verfügbare Einkommen nach dem Arbeitseinstieg sogar noch geringer.

Manche Bezieher eines bedingungslosen Grundeinkommens könnten sich ebenfalls dafür entscheiden, einfach das Geld zu nehmen und zu Hause zu bleiben, während andere gewillt wären, eine Arbeit anzunehmen, da ihnen dadurch auch mehr Geld zur Verfügung steht.

Nicht zuletzt nimmt ein Grundeinkommen dem Staat viele Ausreden, warum er die Wirtschaft regulieren muss. Mindestlohn-Gesetze würden sich als obsolet erweisen, um nur ein Beispiel zu nennen. Außerdem ließe ein Grundeinkommen die ökonomischen Erschütterungen durch Automation und Freihandel minimieren. In der Politik hätten es Demagogen viel schwerer, da die Menschen weniger verführbar wären. Zudem gäbe es weniger Widerstände bei der Liberalisierung der Wirtschaft.

Das ist besonders wichtig, wenn wir auf die Zukunft der Arbeit blicken, welche vermutlich von Robotern und Automatisierung geprägt sein wird. Noch streiten sich die Ökonomen, ob die bevorstehenden Umwälzungen des Arbeitsmarktes anders sein werden als bisherige. Aber wenn der Einsatz von Technologien in Zukunft Arbeitsplätze vernichtet, wird der Druck steigen, eine darauf reagierende Politik zu implementieren. Ein bedingungsloses Grundeinkommen weist dabei eine Alternative auf zu den Anti-Wachstums- und Anti-Entwicklungsregulierungen (unter anderem durch Protektionismus) der Politik, welche ansonsten wahrscheinlich kommen werden.

Rechtsgerichtete Politiker wie Marine Le Pen in Frankreich oder Geert Wilders in den Niederlanden spielen hochprofessionell mit den Ängsten vor scheinbaren wirtschaftlichen Gefahren, die von offenen und liberalen Handels- und Immigrationspolitiken ausgehen. Ein bedingungsloses Grundeinkommen könnte uns von dieser anti-freiheitlichen Rhetorik der Politiker emanzipieren und den Demagogen den Wind aus den Segeln nehmen. All das zusammen sind starke Argumente für ein bedingungsloses Grundeinkommen.

Experimente mit Sozialsystemen

Dennoch bleiben Fragen, und eine skeptische Grundhaltung scheint vorerst angemessen. Wie bei den meisten staatlichen Programmen, die in der Theorie überzeugen, zeigen sich die Schwierigkeiten erst in den konkreten, praktischen Fragen der Implementierung. Es gibt erst zu nehmende Zielkonflikte zwischen den Kosten, der Einfachheit und den Anreizstrukturen. Versuche, einige der Probleme zu lösen, erzeugen neue Probleme an anderer Stelle. Wo liegen dann noch die Vorteile eines bedingungslosen Grundeinkommens? Schauen wir beispielsweise die Kosten an: Wenn jeder Mensch in den USA eine Unterstützung bekäme, die ihn über die Armutsschwelle hebt, beliefen sich die Kosten auf vier Trillionen Dollar – also in etwa so viel wie der gesamte heutige US-Staatshaushalt. Natürlich wird es das so nicht geben. Im Vergleich zu den USA geben schon heute viele europäische Länder wesentlich höhere Beträge für Sozialleistungen aus. Wie in Abbildung 5 zu sehen ist, geben die EU-Länder von unter 4 Prozent des BIP (Litauen, Lettland, Polen) bis zu 9 Prozent des BIP (Dänemark, Finnland, Frankreich, Schweden) dafür aus. Im Durchschnitt macht das 6,9 Prozent des BIP allein für Wohlfahrtszwecke. Dabei sind die enormen Ausgaben für Krankenkassen, Pensionen

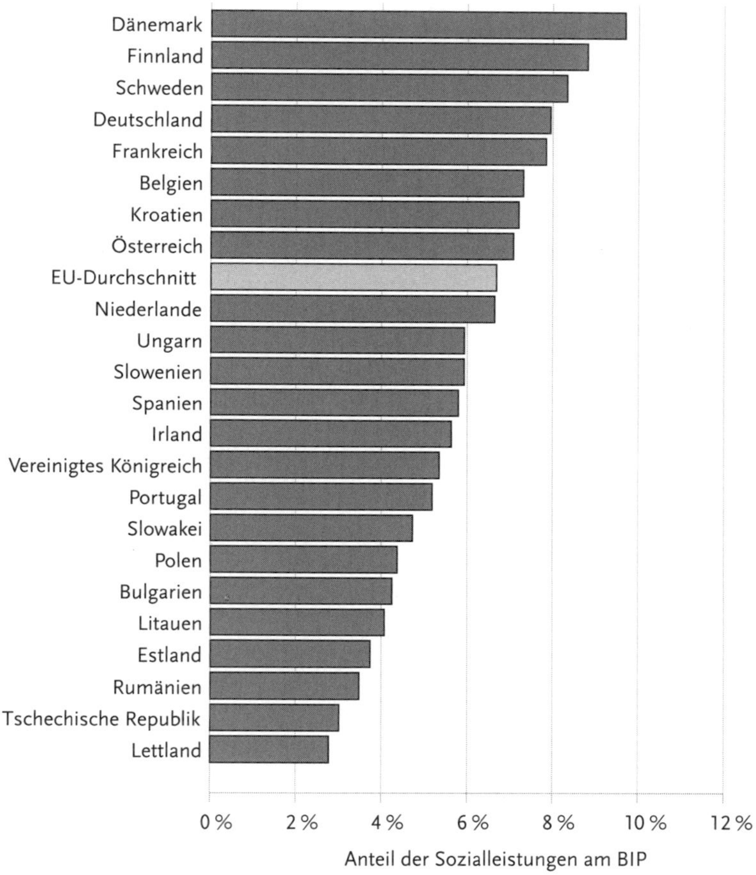

Abbildung 5: Sozialhilfeausgaben als Prozentsatz des BIP[19]

und Arbeitslose noch nicht einmal inbegriffen. Die Zahlen beziehen sich nur auf die speziell zur Armutsbekämpfung eingesetzten sozialen Leistungen.

Dies stellt eine große Quelle für eine Umleitung der Gelder zur Finanzierung eines bedingungslosen Grundeinkommens dar. Allerdings führt eine Verschiebung und Neuverteilung dieser Mittel beinahe garantiert zu politischem Widerstand. So werden auf der politisch linken Seite heute viele Rufe nach einem Grundeinkommen

19 Europäische Kommission: Social Protection Database. Eurostat. 2013.

als einer zusätzlichen Leistung laut, welches durch Steuern auf CO_2, Rohstoffe, Unternehmen oder einfach »von den Reichen« bezahlt werden soll.

Selbst wenn alle bestehenden Wohlfahrtsausgaben zur Finanzierung eines bedingungslosen Grundeinkommens verwendet würden, wäre es nicht genug, um jedem ein für seine Grundbedürfnisse ausreichendes Einkommen zu zahlen und so ein Ende der Armut zu ermöglichen.

Die Schweizer Volksabstimmung über die Einführung eines bedingungslosen Grundeinkommens, welche im Juni 2016 stattfand, kann als gutes Beispiel dienen. Sie wurde mit überwältigender Mehrheit abgelehnt, da dies eine starke Anhebung der Steuern bedeutet hätte. Deswegen werden, wenn es nicht finanzierbar oder politisch nicht durchsetzbar ist, doch gewisse Bedingungen zum Bezug des Grundeinkommens benötigt, um es umzusetzen. Friedman und Murray schlagen Formen von negativer Einkommensteuer vor, was einer gewissen Prüfung entspricht, wer die Auszahlung beziehen kann – hier diejenigen mit einem zu geringen Einkommen. Es gibt zum Beispiel keinen Grund, außer der schlichten Bedingungslosigkeit, warum Dieter Schwarz (Lidl) oder Karl Albrecht (Aldi) ein Grundeinkommen beziehen sollten.

Bei Charles Murrays Vorschlag für die USA erhält jeder zwar ein Grundeinkommen, aber ab einem Einkommen von 30 000 Dollar wird ihm über eine Steuer ein Teil seines Grundeinkommens wieder genommen. Bei einem Einkommen von 60 000 Dollar hätte er nur noch die Hälfte des Grundeinkommens. Mehr will Murray aber nicht wegsteuern. Dadurch würden die Nettokosten der Auszahlung signifikant sinken. Gleichwohl würde es viele der Anreizprobleme wie hohe Grenzsteuersätze, welche von der Aufnahme von Arbeit abhalten und die heutige Abwärtsspirale der Sozialsysteme erzeugen, fortführen. Bis zu einem gewissen Ausmaß wird jede Form von Sozialprogramm, die nicht an Arbeit geknüpft ist, von einer Arbeitsaufnahme abhalten. Casey Mulligan von der Universität Chicago weist darauf hin, dass Arbeit »Opfer erfordert, und die Menschen wägen ab, ob das Opfer im Verhältnis zum Nettoeinkommen lohnenswert ist«.[20] Der wissenschaftliche Rat des US-Kongresses schrieb: »Freizeit wird als ›normales Gut‹ angenommen, wovon bei Erhöhung des Gehalts mehr ›verdient‹ wird, indem der Arbeitseinsatz abnimmt. ... Somit wird angenommen, dass die Zunahme (von Sozialleistungen) dazu führt, dass die Arbeitsstunden abnehmen.«[21]

Wie oben erwähnt, könnte wie bei anderen Sozialleistungen auch mit Grundeinkommen ein Teil der Menschen entscheiden, dass die Grundzahlung für ihre Bedürfnisse ausreichend ist. Sie könnten auf eine Arbeit verzichten oder nur ein klein wenig hinzuverdienen. Dieses Anreizproblem könnte mit einer relativ niedrigen Grundzahlung gemindert werden. Ein Grundeinkommen in der Höhe der Armutsgrenze etwa würde sicherlich von wenigen Menschen als ausreichend empfunden werden.

Mit einem bedingungslosen Grundeinkommen kommt jeder zusätzlich verdiente Lohn als Einkommen hinzu. Im Gegensatz dazu bringt eine negative Einkommensteuer ein größeres Anreizproblem mit sich. Mit negativer Einkommensteuer führt jeder Verdienst zu einer Abnahme der Grundleistungen. Deswegen liegt der Wert von jedem zusätzlichen Euro unterhalb des eigentlichen Wertes eines Euros.

Es gibt zu wenig aktuelle Forschung darüber, wie sich eine negative Einkommensteuer auf die Arbeitsanreize auswirken würde. Die besten Studien hierzu gehen zurück auf eine Reihe von Versuchen, die zwischen 1968 und 1980 stattgefunden haben. In jeder Studie führten die Wissenschaftler eine Feldstudie durch, bei der die Teilnehmer in zwei Gruppen aufgeteilt wurden: Die Kontrollgruppe arbeitete unter den Bedingungen der bestehenden Sozialsysteme, die Experimentgruppe unter einer Form von negativer Einkommensteuer. Die Höhe der Einstiegszahlungen und des Herabstufens bei zusätzlichem Verdienst variierten, um einige Szenarien durchzuspielen. Tabelle 1 zeigt eine Übersicht der vier Experimente.

20 Casey Mulligan: The Redistribution Recession. How Labor Market Distortions Contracted the Economy. 2012.

21 http://www.cato.org/pubs/pas/pa-240.html

Tabelle 1
Merkmale der Experimente mit negativer Einkommensteuer[22]

Ort	*Dauer (Jahre)*	*Anfangszahlungen (in Prozent relativ zum Armutsniveau)*	*Herabstufung (in Prozent relativ zum Armutsniveau)*	*Bereich der Kostendeckung*
New Jersey	3	50 bis 125	30 bis 70	100 bis 250
Ländlicher Raum	3	50 bis 100	30 bis 70	100 bis 250
Gary/ Indiana	3	77 bis 101	40 bis 60	128 bis 253
Seattle, Denver	3	92 bis 135	50 bis 70	140 bis 300

Wie sich zeigt, gibt es signifikante Unterschiede zwischen den Experimenten. Die Einstiegszahlungen reichten von 50 Prozent der Armutsgrenze bis zu 135 Prozent, während die Herabstufung von 30 bis 70 Prozent reichten. Auch gab es demografische Unterschiede in der untersuchten Bevölkerung, die wichtige Annahmen der Anwendbarkeit für eine nationale Einführung zeigen. So bestand das Experiment in New Jersey ausschließlich aus verheirateten Paaren, was die Aussagekraft bezüglich einer negativen Einkommensteuer auf Single-Haushalte gegen null gehen lässt. Dabei sind gerade Single-Haushalte besonders von Wohlfahrtsprogrammen betroffen. Zudem waren die Experimente zeitlich begrenzt. Dies könnte den Grad der Auswirkungen auf die Einstellung zur Arbeit beeinflussen und die Experimentteilnehmer davon abgehalten haben, ihre Arbeitszeit zu reduzieren oder die Arbeit ganz aufzugeben.

Beim Experiment in Seattle und Denver fanden die Wissenschaftler heraus, dass die Verhaltensänderungen bei negativer Einkommensteuer im fünfjährigen Versuch signifikant stärker waren als beim dreijährigen, besonders in Haushalten mit Verheirateten. Das sollte uns ernsthaft zu denken geben und noch genauer geprüft werden, bevor über eine tatsächliche groß angelegte Einfüh-

22 Gary Burtless: The Work Response to a Guaranteed Income: A Survey of Experimental Evidence. 1986.

rung nachgedacht wird. Zudem können wir aus den bisherigen Versuchen nicht schließen, wie sich die Einstellung zur Arbeit bei den nachfolgenden Generationen verändert. Die Reaktionen der zukünftig Arbeitenden könnten anders sein als die Reaktionen der bei Einführung bereits Arbeitenden. Die erste Generation hat noch die vorherigen Bedingungen kennengelernt und könnte sich weniger veranlasst sehen, etwas in Bezug auf ihr Arbeitsverhalten zu ändern, als neue Generationen, die nur eine Politik der negativen Einkommensteuer kennt. Auch könnte es positive Übertragungen geben, sodass Kinder, die sonst in Armut aufgewachsen wären, eher eine gute Bildung erlangen und zum Beispiel weniger von Unterernährung bedroht sind. Alle derartigen unterschiedlichen Auswirkungen haben einen Effekt auf die langfristige Einkommenssituation.

Trotz dieser Einschränkungen können wir einige wichtige Schlüsse aus den Versuchen ziehen. Erstens: In allen vier Experimenten reduzierte die negative Einkommensteuer die geleistete Arbeit. Der Effekt war stärker bei Frauen und insbesondere bei alleinerziehenden Müttern, die durchschnittlich die Arbeitszeitstunden um 17 Prozent senkten, während Männer nur um 7 Prozent kürzer traten.

Es wird außerdem ersichtlich, dass eine höhere Einstiegssumme der Zahlungen zumindest bei den Hauptverdienern einen stärkeren Arbeitsrückgang nach sich zieht. Diese Ergebnisse bedeuten, dass einige der Transferzahlungen lediglich dafür verwendet wurden, Arbeitsaufwand und Ertrag zu minimieren, anstatt die Einkommen der Beteiligten zu erhöhen. Dieses Problem träte wahrscheinlich auch mit anderen Formen von Grundsicherung auf, etwa einem bedingungslosen Grundeinkommen.

Bei den Experimenten wurde der schwache Arbeitsanreiz durch das langsame Herabstufen der negativen Einkommensteuer minimiert, die mit 30–70 Prozent hoch war. Kombiniert mit den Auswirkungen der Lohn- und Einkommensteuer, lag der effektive Grenzsteuersatz bei über 50 Prozent, und bei einigen näherte er sich der 100-Prozent-Marke – also vergleichbar einigen aktuellen Grenzsteuern der Wohlfahrtsprogramme in Europa.

Zudem brächte eine negative Einkommensteuer keinerlei Verbesserungen bezüglich der Komplexität sowie Betrug und Missbrauch der aktuellen Steuereinnahmen. Wie würde, um nur ein Beispiel zu nennen, eine negative Einkommensteuer damit umgehen, wenn jemand zwar wenig Einkommen, aber umfangreiche Vermögenswerte besitzt? Außerdem gäbe es, wie bei allen staatlichen Programmen, den Druck, die Leistungen sukzessive zu erhöhen. Wenn wir einmal eingeführt haben, dass Menschen ein »Recht auf Einkommen« haben, wird es in Zukunft bedeutend schwieriger, dies wieder zurückzunehmen. Wie lange wird es dauern, bis sich die Menschen darüber beschweren, dass von einem Grundeinkommen (in welcher Höhe auch immer) niemand leben kann?

Wir sehen also: Sobald es um die praktische Umsetzung geht, verblassen die Vorteile, welche ein bedingungsloses Grundeinkommen auf dem Reißbrett so schön aussehen ließen. Das bedeutet vor allem, dass sich kein Land mit der Einführung eines bedingungslosen Grundeinkommens beeilen sollte. Schlecht durchdachte Vorschläge wie die der Schweizer Volksabstimmung sollten vorerst weiterhin abgelehnt werden. Gleichwohl sollten klassische Liberale sich nicht von der Idee eines bedingungslosen Grundeinkommens verabschieden. In Kürze beginnen eine Reihe von Experimenten. Eines davon geht von der Mitte-rechts-Regierung in Finnland aus, die ein Pilotprojekt durchführt, bei dem als Ersatz einiger Sozialleistungen ein Grundeinkommen an landesweite und regionale Vergleichsgruppen ausbezahlt wird sowie verschiedene Ergebnisse getestet werden. Die Daten dieses Experiments werden von unschätzbarem Wert sein, um einige der drängenden Fragen nach den Auswirkungen eines Grundeinkommens auf Arbeit, Konsum, wirtschaftliche Mobilität und so weiter besser zu verstehen. Gute Daten sind durch nichts zu ersetzen.

Auch in Holland arbeiten inzwischen einige Städte (Utrecht, Tilburg, Groningen und Wageningen) daran, eigene Experimente durchzuführen. In Kanada versprach die jüngste Haushaltsrunde in Ontario, sich mit Wissenschaftlern zusammenzusetzen, um ein eigenes Studiendesign für ein Pilotprojekt in die Wege zu leiten. In Großbritannien wird ebenfalls darüber debattiert, in welcher Form ein Grundeinkommen Sinn ergibt, und einige Wohlfahrtsprogramme wurden bereits durch Geldzahlungen ersetzt. Zudem finden anderswo noch kleinere, zumeist privat finanzierte Experimente statt, etwa in den USA, in Kenia und Brasilien.

Klassische Liberale und andere Verfechter eines freien Marktes und geringer staatlicher Einmischung sollten diese Experimente mit Aufmerksamkeit und Wohlwollen begleiten. Mit mehr Informationen ergibt sich ein deutlicheres Bild der Vor- und Nachteile. Es ist verrückt, immer wieder das Gleiche zu tun und dabei andere Ergebnisse zu erwarten – dieser Einstein zugeschriebene Satz bringt es auf den Punkt: Die gegenwärtigen Wohlfahrtsstaaten sind eindeutig gescheitert. Es ist an der Zeit, etwas Neues zu versuchen. Ein bedingungsloses Grundeinkommen könnte eine bessere Alternative sein – vielleicht aber auch nicht. Sicher ist, dass wir in den kommenden Jahren noch viel davon hören werden.

FLEXIBILITÄT UND STABILITÄT

Wie entwickeln wir Sozialleistungen für Selbstständige?

Natalie Foster

Meine Eltern sind kürzlich nach Colorado gezogen, um in der Nähe ihres ersten Enkelkinds zu leben. Sie haben ihre Sachen in Kansas in einen Umzugswagen gepackt, um durch die Prärie bis in die Berge zu fahren und dort ein neues Leben anzufangen. Mein Vater, ein Bär von einem Mann, ist ein evangelikaler Geistlicher, der gleichzeitig schon immer gut darin war, Dinge zu bauen oder zu reparieren. Als sie in Colorado ankamen, hängte er ein Schild an die Haustür, um anzukündigen, er sei Handwerker und freue sich über Aufträge. Jetzt lernt er, wie ein selbstständiger Handwerker im 21. Jahrhundert arbeitet.

Manche seiner Kunden kommen, weil sie von ihm gehört haben, aber die meisten gewinnt er über die Plattform »Thumbtack«, wo Handwerker mit Menschen verbunden werden, die Handwerker suchen.

Er liebt die Flexibilität der Plattform und er genießt es, sich seine Zeit frei einzuteilen und an erster Stelle für seine Familie da zu sein. Allerdings hat er keinen Arbeitgeber, der in eine Arbeitsunfallversicherung einzahlt, für Sozialversicherung aufkommt, Urlaubstage bezahlt oder im Krankheitsfall den Lohn fortzahlt. Er ist komplett auf sich gestellt.

Nach dem kürzlich veröffentlichten Artikel der Wirtschaftswissenschaftler Alan Krueger und Larry Katz[1] nehmen die Arbeiter in »alternativen Beschäftigungsverhältnissen« um mehr als 50 Prozent zu –

1 https://krueger.princeton.edu/sites/default/files/akrueger/files/katz_krueger_cws_-_march_29_20165.pdf

von 10 Prozent aller Arbeitskräfte im Jahr 2005 auf 15 Prozent im Jahre 2015. Das klingt nicht nach viel, aber in den USA sind das beinahe zehn Millionen Menschen. Außerdem zeigen die Berechnungen, dass der gesamte Anteil des Nettozuwachses an Arbeitsplätzen auf diese Art der Beschäftigung entfiel.

Dabei handelt es sich um alle möglichen Arbeiten – die Tagesmutter, der Gärtner, hoch dotierte selbstständige Computerspezialisten, Uber-Fahrer und eben mein Vater, der selbstständige Handwerker.

Wie kommen diese Menschen an bezahlten Urlaub oder an eine Arbeitslosenversicherung?

Darauf gibt es eine eindeutige Antwort: gar nicht.

Mittlerweile wächst die Einsicht, dass es Lösungen und Ideen braucht für ein allgemeines, mobiles soziales Sicherheitssystem, das ebenfalls anteilig bezahlt wird.[2] Es wäre ein System, in welchem jeder sein eigenes, mobiles Konto für Sozialleistungen hat und in das die wechselnden Arbeitgeber und Plattformen wie Uber oder die oben erwähnte Thumbtack-Plattform einzahlen. So könnten die Ansprüche von Job zu Job mitgenommen werden. Jeder hat selbst darauf Zugriff, das heißt Zugriff auf sein eigenes Urlaubs- oder Krankengeld und auf eine Reserve für den Notfall, auch wenn er den Job wechseln will oder viele Jobs auf einmal hat.

Die Zeit drängt, weil Teilzeitarbeit für Plattformen der am schnellsten wachsende Bereich in der Wirtschaft ist. Er fungiert häufig als eine zweite Einkommensquelle. Wie bei normalen Angestellten könnten auch hier Arbeitgeber und Arbeitnehmer anteilig in die mobilen Sozialleistungen einzahlen.

Viele verweisen auf das Gesetz »Patient Protection and Affordable Care Act« (unter dem Namen »Obamacare« bekannt) als einen ersten Schritt in die Mobilität von Sozialleistungen, aber sowohl Ex-Präsident Barack Obama[3] als auch Senatorin Elizabeth Warren[4] haben

2 Vergleiche http://www.wsj.com/articles/on-demand-workers-need-portable-benefits-tech-and-labor-leaders-say-1447199167

3 Vergleiche https://medium.com/ondemand/the-big-idea-buried-in-obama-s-speech-30fe2832c0c#.qbbn171fo

4 Vergleiche https://www.warren.senate.gov/?p=press_release&id=1131

weitere mobile Sozialleistungen für den Haushalt von 2017 gefordert. Ob das durch die Instanzen geht, ist unklar, aber wenn einige Gouverneure und Bürgermeister das aufgreifen, könnten Ressourcen für Pilotstudien mobilisiert werden.

Mobiles Sozialnetz

Das gegenwärtige Sozialnetz, das die Arbeitgeber ins Zentrum stellt, entstand Mitte des letzten Jahrhunderts, als eine außergewöhnlich angespannte Arbeitsmarktlage die Verhandlungen zwischen Arbeitnehmern und Unternehmensleitung beeinflusste. Später wurde es leicht angepasst ins staatliche Rechtssystem übertragen. Wie Shayna Strom und Mark Schmitt beschreiben, wurde dieser Sozialvertrag maßgeblich von zwei Entscheidungen beeinflusst: »Erstens die Erkenntnis seitens der Wirtschaft, dass Sicherheit und Wohlergehen ihrer Mitarbeiter in ihrem eigenen Interesse liegen. Zweitens der Beschluss der Arbeiterbewegung, dass es besser sei, sich auf Sozialleistungen einzulassen, die an einen bestimmten Arbeitsplatz geknüpft sind, als auf ein Handeln des Staates zu warten.«[5] Das fing an mit dem »Vertrag von Detroit« zwischen den drei großen Autoherstellern (General Motors, Ford und Chrysler) und Gewerkschaften, setzte sich dann fort in andere Gewerkschaftsbereiche und wurde eine landesweite Norm. Aber diese Sozialleistungen und der Arbeitnehmerschutz greifen bis heute nur, wenn ein klassisches Angestelltenverhältnis besteht.[6] Sie taugen daher nicht für Arbeitende in der Gig-Ökonomie.

Gleichzeitig mit der Zunahme der selbstständigen Arbeit wuchsen die Online-Plattformen. Sowohl digitale Arbeitsmärkte wie »Lyft«, »Taskrabbit« und »Instacart« als auch Märkte für Kapital, Dinge oder

5 Mark Schmitt und Shayna Strom: Protecting Workers in a Patchwork Economy. 2016.

6 Um die Debatte bezüglich der Arbeitnehmerrechtevergleiche in der On-Demand-Ökonomie zu verfolgen, vergleiche Seth D. Harris und Alan B. Krueger: A Proposal for Modernizing Labor Laws for Twenty-First-Century Work: The ›Independent Worker.‹2015.

Dienstleistungen wie »Airbnb«, »eBay« oder »Etsy«. Die große Aufmerksamkeit, welche die Plattformen etwa in den Medien bekommen und die von Politikern immer wieder kritisiert wird, hilft dabei, die Umstände der Selbstständigen bekannt zu machen. Gerade die Plattformen könnten damit beginnen, dass Sozialleistungen verpflichtend werden. Andere Formen der selbstständigen Arbeit mit weniger medialer Aufmerksamkeit sollten dabei nicht unter den Tisch fallen. Ausgehend von einer Wirtschaft, in der Arbeitssicherheit, Krankenversicherung, Arbeitsunfähigkeit und Rente traditionell an klassische Arbeitsplätze gekoppelt sind und von den Arbeitgebern administrativ begleitet werden, kommen Selbstständige in Bezug auf Sozialleistungen und Sicherheit zunehmend in eine komplexe Welt, in der gilt: Wähl dir dein eigenes Abenteuer.

Aber wie groß ist die On-Demand-Ökonomie mittlerweile wirklich, und welche Rolle spielt sie überhaupt? Bisher gibt es keine umfassenden Studien hierzu, aber das JP Morgan Chase Institute gewährt durch Analyse von Bankkonten Einblicke in Größe und Natur dieses Arbeitsmarkts.[7]

So bekommen etwa 0,5 Prozent aller erwachsenen US-Amerikaner jeden Monat Geld über eine Plattform. Im Zeitraum von 2012 bis 2015 waren es insgesamt etwa 4,2 Prozent aller erwachsenen US-Amerikaner. Für die meisten sind die Plattformen eine zweitrangige Einnahmequelle. Aber für ein Viertel der aktiven Plattformteilnehmer (und circa 17 Prozent der aktiven Kapital-Plattformteilnehmer) liegen die Einnahmen bei über 75 Prozent ihres Gesamteinkommens. Die meisten Teilnehmer nehmen nur an einer Plattform teil (nur 14 Prozent an zwei Plattformen), und dies zumeist auch nur sporadisch. Nur etwas mehr als die Hälfte nutzt die Plattform nach der Anmeldung im darauffolgenden Monat noch einmal.

Diese Daten zeigen, welch geringes Gewicht die On-Demand-Ökonomie noch hat. Bezüglich des Einflusses und der Größe der »On-

7 Vergleiche JP Morgan Chase Institute: Paychecks, Paydays, and the Online Platform Economy: Big Data on Income Volatility. 2016.

line-Gig-Arbeitskräfte« kommen Katz und Krueger 2016 zu dem Schluss, dass sie im Vergleich zu offline ausgehandelten selbstständigen Arbeiten klein ausfällt.

Gleichzeitig sagen Risikokapital-Anleger, dass die Gesamtzahl der Teilnehmenden an disruptiven Geschäften für die Beurteilung ihrer Relevanz weniger wichtig sei. Vielmehr sei aufschlussreich, wie viel Arbeit hiervon abgelöst wird. Hierzu fand die erwähnte Studie des JP Morgan Chase Institute heraus, dass in US-Städten die Ablösung traditioneller Arbeitsverhältnisse durch Online-Plattformen innerhalb der letzten drei Jahre eine Steigerung ums 47-Fache erfuhr. Und darunter fällt noch nicht einmal die bar bezahlte, informelle Arbeit, welche bei vielen Selbstständigen üblich ist.

Das sollte Politikern zu denken geben, besonders auch, da die Plattformarbeit sich zunehmend ausweitet und in neue Bereiche vorstößt wie Restaurants (»EatWith«), Unternehmensberatung (»Upwork« und »HourlyNerd«) sowie Medizin (»Doctors on Demand«).

Ein weiteres Indiz für die Wichtigkeit ist, dass mittlerweile sogar Riesen wie PriceWaterhouseCooper auf den Plattform-Arbeitsmarkt aufspringen. Kürzlich starteten sie »Talent Exchange«, um Selbstständige besser in ihre Projekte mit einzubeziehen. Während überall noch Daten gesammelt werden, um herauszufinden, wie es um die On-Demand-Ökonomie bestellt ist, beschleunigen die Plattformen den Trend zum selbstständigen Arbeiten. Das rasante Wachstum deutet darauf hin, dass sowohl Konsumenten als auch Arbeiter diese Plattformen wertschätzen. Zwar zögert die Politik noch, aber es wird zunehmend dringlicher, dass Strategien entwickelt werden, wie die neuen Selbstständigen so selbstverständlich wie klassische Angestellte sowohl Zugang zu absichernden Sozialleistungen als auch eine adäquate Altersvorsorge bekommen.

Lokale Versuche

Gleichwohl ist anzunehmen, dass sich auf staatlicher Ebene nicht so schnell etwas ändert. Aber lokale Lösungen könnten ausprobiert werden und aufzeigen, welche Formen sich bewähren. Es kann allerdings herausfordernd und entmutigend sein, sich an den einzelnen Zuständigkeiten der Rechtsbereiche abzuarbeiten, um neue Lösungen zu finden. Deswegen wäre es hilfreicher, einen Wettbewerb auszurufen. Das US-Arbeitsministerium hat bereits ein Paket von 100 Millionen Dollar vorgeschlagen, um mit unterschiedlichen Projekten loszulegen. Damit ließe sich testen, welche Ideen schon da sind, und diese könnten in kleinem Rahmen verfolgt und ausprobiert werden. An der Ausschreibung könnten Städte, Landkreise und Bundesstaaten teilnehmen. Multidisziplinäre Teams könnten Vorschläge entwickeln und einbringen. Die Vorschläge sollten ein Sicherheitsnetz für neue Arbeitsformen vorstellen, bei dem sich Flexibilität mit Stabilität vereinen lässt und sich verschiedene Einkommenswege und wechselnde Arbeitsverhältnisse realisieren lassen.

Diese Grundsätze hat kürzlich ein Manifest unter dem Titel »Common Ground for Independent Workers« zusammengefasst.[8] Die Autoren rechnen damit, dass schon mit drei bis fünf Millionen Dollar an Spendengeldern ein solcher Wettbewerb ausgeschrieben und ein neues soziales Netz erprobt werden könnte.

Allen bisherigen Ideen für mobile Sozialleistungen ist gemein, dass sie auf eine Plattform vertrauen, über welche das Verhältnis zwischen Kunden (Selbstständigen), Einzahlern (Arbeitgeber) und dem Sozialleistungsunternehmen (Versicherungen) vermittelt wird. Hierzu wäre hilfreich, wenn nicht jede der lokalen Gruppen ihre eigene Plattform aufbaut, sondern eine gemeinsame technologische Infrastruktur zur Verfügung gestellt würde.

Immer mehr profitorientierte Unternehmen streben in den Sektor von mobilen Sozialleistungen. Hieraus könnte sich eine interessante Zusammenarbeit mit staatlich oder kommunal Zuständigen in Form von Public-Private-Partnerships ergeben. Die Firmen »Peers«, »Stride Health« und »Freelancers Union« bieten alle Einstiegsmöglichkeiten für Selbstständige in Krankenversicherungen und zuneh-

8 Common Ground for Independent Workers: Principles for Delivering a Stable and Flexible Safety Net for All Types of Work. Medium. 2015.

mend auch Rentenvorsorge und andere Sozialleistungen. Gleichwohl bleibt es ein kleines Angebotsfeld im Vergleich zu dem, was traditionellen Angestellten zur Verfügung steht. Zudem umfasst es bisher ausschließlich die eigene Vorsorge der Selbstständigen – ohne eine Arbeitgeberzulage oder Ähnliches.

Für Pilotprojekte könnte vorerst mit einem der vorhandenen Unternehmen zusammengearbeitet werden, um gleich loszulegen und die Administration schlank zu halten. Auch wäre vorstellbar, mit Gewerkschaften zusammenzuarbeiten. Fraglich bleibt allerdings, wie es mit der Skalierbarkeit nach einem Pilotprojekt aussieht, ob also das Modell ohne Kostenerhöhung wachstumsfähig ist.

Erste Ansätze gibt es von den Plattformfirmen selbst. So hat Uber 2016 in den Bundesstaaten Kalifornien und Massachusetts sowie New York der Gründung eines Fahrerverbunds zaghaft zugestimmt. Hierzu war Uber aber erst bereit, als sich Sammelklagen abzeichneten.

Diese vorläufigen Schritte könnten einen Rahmen bilden, dem andere folgen, um eine unabhängige gewerkschaftsähnliche Vereinigung zu gründen. Denn die größte Herausforderung wird sein, Vereinigungen über die Grenzen der einzelnen On-Demand-Unternehmen (zum Beispiel Uber und Lyft) und verschiedenartigen On-Demand-Plattformen (wie Thumbtack, Lyft, Uber, Handy und Instacart) bis zu den »Offline-Selbstständigen« zu bilden.

Seit einigen Jahren bemühen sich Politik und andere Stellen, eine Lösung für die Fragen hinsichtlich rechtlicher Stellung, Angestelltenstatus und Sozialleistungen für Selbstständige in der On-Demand-Ökonomie zu finden. Ich gehe davon aus, dass Pilotprojekte der beste Ansatz sind, um Lösungen zu entwickeln, zu testen und in die Wege zu leiten. Aber es gibt noch andere konstruktive Ideen, wie sich Städte und Bundesstaaten für diese Belange in ihrem Gebiet einsetzen könnten. So zeigen erste Datenanalysen und Forschungen wie die des JM Morgan Chase Institute, dass es Unterschiede gibt, wie Selbstständige in ihre regionale Wirtschaft eingebunden sind. Zudem zeigen sie, dass die On-Demand-Ökonomie in verschiedenen Bereichen unterschiedlich stark und schnell wächst.[9] Die Datenlage hierzu, vor allem, was Vergleiche zwischen den Branchen betrifft, ist dünn und die besten Daten sind bei den verschiedenen Plattformen selbst zu finden. Deswegen könnte es hilfreich sein, selbst lokale Daten zu erheben. Der Chefökonom der Stadt San Francisco etwa wurde von einem Stadtrat dazu aufgefordert, für San Francisco entsprechende Daten zu erheben.

Ein erfolgreiches Pilotprojekt wird eine grundsätzliche Diskussion mit allen Beteiligten innerhalb einer Region fordern. Diese könnte angestoßen werden durch die Gründung eines »Unabhängigen Beratungsgremiums für Selbstständige«. Darin sollten alle vertreten sein – Arbeitnehmer, Arbeitgeber, Arbeitsrechtler, Unternehmer und Politiker. So hat die »National League of Cities« bereits 2014 eine Beratungsstelle für die *Sharing Economy* aufgebaut und den Leitfaden *Cities, the Sharing Economy, and What's Next* herausgegeben.[10]

Zuvor könnte es sinnvoll sein, eine Planstelle mit der speziellen Zuständigkeit für die Bedürfnisse der Selbstständigen einzurichten. In Großbritannien gibt es genau aus diesem Grund hierfür seit 2014 einen »Botschafter der Selbstständigen«.[11]

Mobile Sozialleistungen stabilisieren die andernfalls prekären Verhältnisse dieser Arbeitsform des 21. Jahrhunderts. Gleichzeitig wären sie noch effektiver eingesetzt, wenn sie zusammen mit einem bedingungslosen Grundeinkommen eingeführt würden. Jeder Mensch braucht Geld zum Überleben, egal wo oder wie er arbeitet und egal, ob es digital oder bar übermittelt wird. Das ist so, wie wenn man bei »Monopoly« über »Los« geht und Geld erhält, damit man die nächste Runde weiterspielen kann. Was hier ein Spiel ist, gleicht der Wirklichkeit: Man braucht Geld, um das Spiel des Lebens mitzuspielen.

Das könnte so funktionieren wie in Alaska. In den 1970er Jahren wurden in der Region North Slope Ölvorkommnisse gefunden, mit

9 Vergleiche JP Morgan Chase Institute: The Online Platform Economy: Who Earns the Most? 5. Mai 2016.

10 Lauren Hirshon et al.: Cities, the Sharing Economy, and What's Next. Center for City Solutions and Applied Research at the National League of Cities. Ohne Datum.

11 Vergleiche *Mail on Sunday:* David Morris MP becomes the first ever tsar for freelancers to be appointed. 22. November 2014.

deren Gewinnen der Staat den Alaska Permanent Fund aufgelegt hat. Heute bekommt aus diesem Geld jeder Bewohner Alaskas eine jährliche Dividende von 1000 bis 3000 Dollar ausbezahlt, ohne jede Bedingung. Diese Dividende ist so beliebt, dass selbst konservative Politiker wie die frühere Gouverneurin Sarah Palin sie erhöhen ließen.

Oder nehmen wir die Sozialversicherung in den USA. Einst eingeführt, um die Armut im Alter einzudämmen, ist der monatliche Scheck heute so populär auf beiden Seiten der Politik, dass Stimmen laut werden, die Zahlung solle auf eine allgemeine Auszahlung für alle erweitert werden.

In unserer Zeit des Wohlstands sollte ökonomische Sicherheit ein Menschenrecht sein – und mobile Sozialleistungen sowie ein bedingungsloses Grundeinkommen könnten das gewährleisten. Für Menschen wie meinen Vater, den Handwerker, und für seinen heranwachsenden Enkelsohn, dessentwegen er nach Colorado gezogen ist.

DIE ZUKUNFT DER SOZIALEN SICHERUNG

Von Misstrauens- zu Vertrauenssystemen

Armin Steuernagel

Heute ist Versicherungsbetrug ein Kavaliersdelikt. Wieso sollte man eine anonyme Versicherung schonen, die erstens sowieso nur den Shareholder- Value maximiert, also anderen bei der Vermögensmaximierung hilft, und die zweitens, wenn man sie braucht, oft erst nach Anwaltsbriefen, Klageandrohung oder Klageeinreichung zahlt? Versicherungen und Kunden haben ein Misstrauensverhältnis zueinander. Die Versicherungen misstrauen ihren Kunden und kontrollieren sie immer mehr und genauer, was explodierende Transaktionskosten (Kontroll- und Rechtskosten) nach sich zieht. Gleichzeitig vergraulen sie damit die letzten gutwilligen Kunden, die dann auch auf die Seite der »Ich-hole-was-ich-rausholen-kann«-Versicherten wechseln. Versicherungsbetrug fällt leicht. Der Gedanke, dass dies insgesamt zu steigenden Versicherungsbeiträgen führen könnte, liegt fern. Gefühlt betrügt man nicht die Gemeinschaft der Versicherten, sondern nur die anonyme Versicherung.

Die Folge: Versicherungen sind teuer und haben hohe Verwaltungskosten. Gleiches gilt auch für die staatlichen Sicherungseinrichtungen.

Alte Ansätze – neu gemacht

Die im ersten Kapitel dieses Buches dargestellten Urformen der Versicherungen (zum Beispiel die griechischen Eranos-Vereine) hatten diese Probleme der Anonymisierung und Bürokratisierung nicht. Sie waren kleine, übersichtliche Zusammenschlüsse von Menschen, die sich kannten, schätzten und zum Beispiel im Falle der Eranos-Vereine oft zum gemeinsamen Essen zusammenkamen. Die Basis der Versicherung war das gegenseitige Vertrauen. Diese Vertrauensgemeinschaften waren früher meist an Blutsverwandtschaft (Familie) oder Beruf (Gilden) gebunden. Heute tauchen sie unter ganz anderem Namen und modernisiert wieder auf: Als sogenannte Peer-to-Peer-Versicherungen oder Solidargemeinschaften. Hierbei finden sich Menschen mithilfe von Apps und Webplattformen zu Kleingruppen zusammen, zahlen monatlich in einen gemeinsamen Topf ein und werden im Bedarfsfall daraus unterstützt. Sie haben dabei den Gruppenzwang der alten Gemeinschaften hinter sich gelassen und schaffen Vertrauensräume in einer modernen liberalen Gesellschaft. Die Moral ist hoch, weil man sich kennt und vertraut. Wenn die Gruppe nicht genügend Mittel hat, um einen Schadensfall zu begleichen, springen entweder andere Gruppen oder Rückversicherungen ein.[1]

Die Peer-to-Peer-Versicherungen und Solidargemeinschaften sind inzwischen in vielen Bereichen aktiv, so kann man sein Auto versichern, sich als Selbstständiger gegen Arbeitsunfähigkeit absichern, sein Fahrrad gegen Diebstahl – ja, fast alles, was einem wertvoll ist, versichern. Chinesische Ehepartner können sich sogar über das in Hongkong ansässige Unternehmen Tong Ju Bao gegen die hohen Kosten und den Arbeitsausfall bei einer Scheidung versichern. Das geht weit über einen Ehevertrag hinaus.

Das Prinzip Peer to Peer

Peer-to-Peer-Versicherungen stellen die Versicherungsbranche radikal infrage und haben enorme Kostenvorteile gegenüber alten Versicherungen. Deswegen lohnt sich ein Blick auf ihre Organisationsstruktur, die Funktionsprinzipien, die Unterschiede und Gemeinsamkeiten. Fast alle Peer-to-Peer-Versicherungen organisieren

1 Eine Liste von aktuellen Peer-to-Peer-Versicherungen findet sich unter http://wiki.p2pfoundation.net/P2P_Insurance

sich in kleineren Untergruppen mit 10 bis 50 Menschen. Bei dem Anbieter »CommonEasy« etwa hat jeder seine ganz individuelle Vertrauensgruppe, die sich darüber bildet, dass er an verschiedenen Gruppen beteiligt ist. So entsteht ein Netz über die Gruppen hinweg, deren Mitgliedschaften sich überlappen.

Förderale Strukturen und Vertrauensräume

Zu große Gruppen sind für das Peer-to-Peer-Prinzip ungünstig, weil die gegenseitige Bekanntschaft und die Direktheit in Gefahr wären. Stattdessen organisieren sich einige (wie Broodfonds oder Artabana) in Unter- und Übergruppen. Hierfür kommen Vertreter aus den kleinen Gruppen zu neuen Meta-Gruppen zusammen. Dieses Prinzip der föderalen Strukturen zeigt sich interessanterweise auch in der Forschung von Elinor Ostrom zur Selbstverwaltung von Allmenden als besonders wichtig für den Erfolg.[2]

Bei vielen Peer-to-Peer-Versicherungen schaffen die Gruppen Vertrauensbildungsräume – entweder indem sich die Gruppen ab und an persönlich treffen und so Vertrauen aufbauen, oder indem sie online kommunizieren oder von vornherein nur solche Menschen als Gruppe zusammenkommen, die reale Beziehungen zueinander haben. Selbst die Versicherungen, die rein auf einem Online-Angebot basieren, also mit Menschen, die sich vorher noch nie kennengelernt haben (wie zum Beispiel Friendsurance), schaffen durch kleine Gruppen Vertrauensräume. Denn jeder kann die anderen Gruppenmitglieder mit der Zeit einschätzen lernen. Jeder weiß, wie sich die anderen verhalten, ob sie viele Schäden einreichen und so weiter. Das schafft langfristige Verbindlichkeit und Vertrauen, welches wichtig ist, damit die Einzahlung und Auszahlung in den Gruppentopf ohne Reibung geschehen kann. Die Verhaltensökonomik spricht davon, dass »an Bedingungen geknüpfte Kooperation« entstehen kann.

2 Vergleiche die Design-Prinzipien für Selbstverwaltung, die Elinor Ostrom in ihrem Buch *Governing the Commons* (1990) darlegt.

Auch dieser Punkt entspricht einem von Elinor Ostrom betonten wichtigen Prinzip für selbstverwaltete Institutionen.

Das Solidarprinzip und Self-Governance

In den meisten Peer-to-Peer-Versicherungen helfen sich die Mitglieder gegenseitig – das von jedem eingezahlte Geld dient nicht als persönliche Versicherung, sondern kann ebenso für die anderen eingesetzt werden. Das zeigt sich darin, dass es einen »gemeinsamen« Versicherungstopf gibt (bei manchen gibt es noch weitere individuelle Töpfe). Die Folge ist, dass jemand über längere Zeit mehr aus dem Topf erhalten kann als andere, dass also damit ein Umverteilungseffekt entsteht. Es wird jedoch nicht so weit gegangen, dass die Beiträge in den gemeinsamen Topf an die Zahlungsfähigkeit oder Einkommensverhältnisse geknüpft werden (was ein weiterer Umverteilungsmechanismus wäre).

Viele Peer-to-Peer-Versicherungen bieten relativ standardisierte Produkte an und lassen die Nutzer nicht viel mitbestimmen. Bei manchen jedoch (Teambrella, CommonEasy oder Artabana) können die Mitglieder die genauen Regeln, wie ihre Gruppe funktioniert und auch wie die Gruppen untereinander funktionieren, selbst (mit-)festlegen.

Die Überprüfung, ob ein Schadensfall tatsächlich eingetreten ist und kein Missbrauch stattfindet, wird von einigen Peer-to-Peer-Versicherungen den Mitgliedern überlassen (so bei den drei eben genannten). Andere ermöglichen optional eine Delegierung an zum Beispiel Finanzverantwortliche der Gruppe, während wieder andere dies zentral für ihre Mitglieder erledigen.[3]

Die dargelegten Funktionsweisen der Peer-to-Peer-Versicherungen zeigen: Im Vergleich zu herkömmlichen Versicherungen oder dem Sozialstaat verändert sich die Kostenstruktur massiv. Kontroll-, Be-

3 Eine detaillierte Studie zu Peer-to-Peer-Versicherungen lässt sich finden unter https://www.neopolis.network/projects/future-of-social-security

trugs- und Sanktionskosten sinken, die bei den alten Institutionen die größten Kosten erzeugen. Auch die Kosten für Kundenakquise fallen weg, da jeder die Menschen seines Vertrauens in das Netzwerk mitbringt. Dafür entstehen neue Kosten, die bei großen Versicherungsunternehmen nicht anfallen – Vertrauensbildungskosten. Die Teilnahme an regelmäßigen Treffen (zum Beispiel bei Artabana), das Auswählen und Mit-im-Blick-Haben der anderen Gruppenmitglieder können als nicht-monetäre Kosten gesehen werden.

Es ist anzunehmen, dass die neuen Kosten deutlich geringer sind als die eingesparten. Vertrauensbildung kann relativ günstig erreicht werden im Vergleich zu den hohen Summen, die durch Versicherungsbetrug oder damit verbundene Prozesse entstehen. Ökonomisch gesehen lösen die neuen Peer-to-Peer-Versicherungen ein wesentliches Problem der Kooperation. Normalerweise müsste man annehmen, dass bei imperfekten Verträgen und ungenügenden Überwachungsmechanismen die Mitglieder ihren Eigennutzen maximieren, das Vertrauen der anderen missbrauchen und so letztlich Zusammenarbeit verhindern. Durch die langfristige Natur der Gruppenbindung aber, durch Vertrauensbildungsräume und die Bekanntschaft der Gruppenmitglieder untereinander kann das normale soziale Dilemma überwunden werden. Es geht dabei um das Dilemma, dass das rein eigennützige Verhalten eines einzelnen Mitglieds allen schadet und nur ihm selbst nützt, solange nicht alle anderen Mitglieder sich auch eigennützig verhalten und damit alle Mitglieder in eine schlechtere Position kommen, als wenn sie kooperieren würden. Experimente von Elinor Ostrom oder auch Bruno Frey und Iris Bohnet[4] belegen diese Annahmen. So ließ man zum Beispiel verschiedene Gruppen ein sogenanntes »Public-Good-Spiel« spielen, bei dem es darauf ankommt, wie reziprok Akteure sich verhalten, das heißt, wie stark sie im Vertrauen in einen Gruppenpool investieren, der allen Gruppenmitgliedern zugute kommt, da sie gesehen haben, dass an-

4 Iris Bohnet und Bruno S. Frey: The sound of silence in prisoner's dilemma and dictator games. Journal of Economic Behavior & Organization 38.1. 1999, S. 43–57.

dere Spieler in vorigen Runden das auch getan haben. Das Geld, das pro Runde in diesen Topf investiert wird, wird zum Beispiel mal vier multipliziert und dann gleich an alle Gruppenmitglieder ausgeteilt. Am optimalsten wäre es für alle, wenn alle alles investieren. Für jedes einzelne Mitglied ist es aber individuell besser, gar nicht zu partizipieren und nur von den Auszahlungen zu profitieren. Die Experimente zeigen: Je mehr Möglichkeiten bestehen, mit anderen zu kommunizieren, sie zu identifizieren oder sie zumindest kurz kennenzulernen, desto mehr Geld waren Spieler bereit, in einen gemeinsamen Topf zu investieren.

Kundenerlebnis

Die Peer-to-Peer-Versicherungen verändern das Kundenerlebnis gründlich, also die Erfahrungen, die Mitglieder in ihrer Versicherung machen. Fühlen sich viele Versicherungsnehmer eher ohnmächtig gegenüber großen anonymen Versicherungen und deren geballter Macht von Anwälten, ja eher als Opfer einer Versicherungs- oder Wohlfahrtsbürokratie, so können sie sich bei Peer-to-Peer-Versicherungen als Mitgestalter fühlen. Sie entscheiden über Regeln mit.

Sind die herkömmlichen Versicherungen oder auch der Wohlfahrtsstaat ein anonymes Gegenüber, eine »Black Box«, so sind Mitglieder in Peer-to-Peer-Versicherungen ganz konkreten anderen Menschen gegenübergestellt, denen sie begegnen können. Es sind Mitglieder, die nicht nach festgelegten Versicherungspolicen oder Sozialgesetzbüchern entscheiden, ob etwas gezahlt wird oder nicht, sondern die nach den eigenen Regeln ihrer Peer-to-Peer-Versicherung entscheiden und durch einen großen Ermessensspielraum individuelle Fälle sehr einfach berücksichtigen können.

Während im Normalfall eine Versicherung nach dem Prinzip des Misstrauens funktioniert und Mitglieder sich diesem Misstrauen in Nachweispflichten, Schadensübernahme-Ablehnungen und so weiter ausgesetzt sehen, erleben Mitglieder von Peer-to-Peer-Versicherungen das Vertrauen der anderen Mitglieder.

Sie können sich gegenseitig – wenn juristisch clever gestaltet – Renten-, Kranken- oder Arbeitslosenversicherung jenseits einer festgelegten Staatsbürgerschaft anbieten. Bismarck band die großen Versicherungsleistungen alle an den Nationalstaat und damit an die Nationalität. Das passt nicht mehr in unsere Zeit, sowohl für die vielen international arbeitenden modernen Nomaden als auch für die immer mobiler werdenden Niedriglohn-Arbeiter, die – wie heute schon Realität – zum Beispiel in Hongkong arbeiten, eigentlich aber auf den Philippinen leben und dort die Erziehung ihrer Kinder finanzieren. Oder die vielen polnischen Eltern, die in Berlin und London arbeiten und regelmäßig zu ihren Familien pendeln. Zu erledigende Aufgaben und Arbeit brauchen heute keine Staatsgrenzen. Durch die Digitalisierung finden diese ohnehin keine Beachtung mehr. Soziale Sicherung klebt jedoch noch an Staatsgrenzen. Peer-to-Peer-Versicherungen könnten daher der erste Schritt in Richtung einer dezentralen Internationalisierung der Sozialsysteme sein.

Peer-to-Peer-Versicherungen können durch ihre Offenheit und die Möglichkeit, auf individuelle Bedürfnisse und Situationen einzugehen, alle Formen von Erwerbsbiografien abdecken – egal wie ungewöhnlich oder kompliziert sie ausfallen. Die Arbeit wechselt heute ihre Formen in der Gesellschaft schneller als früher und wird immer vielfältiger.

Besonders interessant ist es, dass die Peer-to-Peer-Versicherung Stück für Stück Teile der sozialen Sicherung übernehmen könnte. Die Politik muss nicht die eine große Mega-Reform durchführen. Stattdessen können *bottom-up* Peer-to-Peer-Versicherungen gegründet werden, wenn entsprechende rechtliche Rahmen gegeben sind. Vor allem dort, wo sie besonders nötig werden, also momentan vor allem für Selbstständige.

Post-Bismarck-Sozialsystem

All diese Eigenschaften machen Peer-to-Peer-Versicherungen interessant – nicht nur für Randgruppen, sondern für die gesamte Gesellschaft. Gerade vor dem Hintergrund eines Wohlfahrtsstaates, der (wie im ersten Kapitel beschrieben) immer tiefer in das Leben der Bürger eindringt, um die Mittelverwendung zu kontrollieren und Missbrauch zu verhindern, und der eine immer unübersichtlichere Bürokratie mit steigenden Kosten produziert, scheint eine Diskussion über Peer-to-Peer-Versicherungen als mögliche Alternative angemessen. Diese müssen allerdings drei wichtige Voraussetzungen erfüllen:

1. Sie müssen eine Lösung bieten für Menschen, die aus allen Gruppen und Zusammenhängen herausfallen, also zum Beispiel für Obdachlose, die alle Verwandten verloren haben.
2. Sie müssen sicherstellen, dass nötige Umverteilung stattfinden kann und nicht Wohlhabende sich in eigenen Peer-to-Peer-Versicherungen zusammenfinden und nur untereinander solidarisieren.
3. Sie müssen, wenn sie die öffentliche Aufgabe der sozialen Sicherung übernehmen wollen, selbst öffentliche oder halb staatliche Institutionen werden, das heißt, nicht auf Gewinnmaximierung ausgerichtet sein.

Sind das erfüllbare Bedingungen?

1. Der erste Punkt, also eine Grundsicherung für jeden unabhängig von Gemeinschaften, wäre einfach zu erreichen. Peer-to-Peer-Versicherungen oder Steuerzahler müssten in einen gemeinsamen »Grundabsicherungsfonds« einzahlen, aus dem Menschen, die durch alle Raster fallen, mit sozialer Sicherung versorgt werden könnten, dem derzeitigen System vergleichbar. Wie viele Menschen tatsächlich keine Unterstützungsgruppe finden, ist jedoch fraglich. Mauricio Millers Experimente mit Gruppenstrukturen in den USA zeigen, dass gerade die Ärmsten sich dadurch besonders gut helfen können.[5]

5 Vergleiche http://www.fii.org/ und: https://www.brandeins.de/archiv/2014/alternativen/armutsbekaempfung-hilfe-zur-selbsthilfe-family-independence-initiative-mauricio-miller-nichts-wie-raus-aus-dem-system/

2. Die Sicherstellung einer gewissen Umverteilung ist insofern nötig, da gewährleistet werden muss, dass Peer-to-Peer-Versicherungsgruppen mit besonders vielen Bedürftigen und Einkommensschwachen nicht insolvent werden. Dafür könnte man entweder zentral verordnete Umverteilungsmechanismen oder gemeinsame Rückversicherungen einsetzen. Beide haben den Nachteil, dass sie den eigentlichen Vorteil von Peer-to-Peer-Versicherungen unterlaufen könnten, die Vertrauensbildung, Flexibilität und Immunität gegenüber Bürokratisierung, weil sie weiterhin dem System verhaftet sind, das nach alten Prinzipien funktioniert. Dieses würde Peer-to-Peer-Versicherungen zur Umverteilung zwingen und damit alle Arten von Ausweich- und Missbrauchsstrategien (wie oben erläutert) als Reaktion hervorrufen. Um dem entgegenzuwirken, könnten sich Peer-to-Peer-Versicherungen nach dem Prinzip Peer to Peer mit anderen ihresgleichen zusammentun und sich so gegenseitig versichern, wie es etwa schon bei der Solidargemeinschaft Artabana oder bei den niederländischen Broodfonds eingerichtet wurde. Bei Artabana treffen sich Gruppenvertreter von jeder Gruppe zu Regionaltreffen und Vertreter von Regionaltreffen wiederum zu überregionalen Treffen. Dadurch bauen sie Inter-Gruppen-Vertrauen auf. Ist zum Beispiel eine Gruppe in Freiburg mit einer Rechnung von 200 000 Euro für eine besonders teure Behandlung konfrontiert, so kann sie dies allen anderen Gruppen mitteilen. Die Gruppen, die der Gruppe in Freiburg vertrauen (die verschiedenen Vertreter kennen sich ja) können dann das Geld – bedingungslos – überweisen. Ohne Bürokratie. Es klingt absurd, weil hier mehrere soziale Dilemmata überwunden werden müssen. Wieso sollten ferne Gruppen Geld für andere Gruppen überweisen? Doch bei Artabana funktioniert dieses Prinzip seit über zehn Jahren, bei Broodfonds (in abgewandelter Form) wurde es kürzlich eingeführt. Wenn alle Gruppen in einer Meta-Peer-to-Peer-Versicherung eingebettet sind, kann auch dort das Prinzip der Reziprozität durch Vertrauensaufbau und durch langfristiges Denken wirken.

3. Die öffentlich-rechtliche Natur von Peer-to-Peer-Versicherungen verlangt neue staatliche Rahmenbedingungen und Rechtsformen. Auf der

einen Seite dürften sie nicht gewinnorientiert sein, andererseits nicht dem oft antiquierten Gemeinnützigkeitsrecht unterliegen, sondern müssten unternehmerisch handeln können. Heute stehen Solidargemeinschaften und Peer-to-Peer-Versicherungen vor dem Problem der Rechtsunsicherheit. Eine Mitgliedschaft in einer solchen Gemeinschaft gilt heute nicht als ausreichend, um zum Beispiel der in Deutschland seit 2008 geltenden Krankenversicherungspflicht nachzukommen. Da die Versicherungsbranche aufgrund der vielen Missbrauchsfälle zu einer der reguliertesten Branchen überhaupt gehört, haben neue Peer-to-Peer-Versicherungen es heute besonders schwer. Um ihnen eine wirkliche Chance zu geben, ihr Potenzial zu entfalten und ihre Funktionstüchtigkeit zu testen, bräuchte man fördernde Rahmenbedingungen. Eine Anerkennung als »versicherungsähnliche Gemeinschaften» wäre notwendig, die es Mitgliedern ermöglicht, die Beiträge als Kosten von der Steuer abzusetzen. Dies dürfte aber nicht gleichzeitig bedeuten, dass Peer-to-Peer-Versicherungen den gleichen Regulierungen wie große, zentral organisierte Versicherungen unterliegen.

Nicht überall sind Peer-to-Peer-Versicherungen möglich. Schnell einsichtig ist, dass sie bei allen Versicherungen, die einigermaßen überschaubare Beträge versichern und gleichzeitig langfristig ausgelegt sind, gut ansetzen können: Krankenversicherung, KFZ-Versicherung, Arbeitslosenversicherung und so weiter. Fraglich ist, wie es im Bereich der Rentenversicherung wäre. Dort gibt es bis jetzt noch keine mir bekannten Start-ups. Es wären in diesem Bereich intergenerationale Gruppen notwendig. Peer-to-Peer-Versicherungen müssten erreichen, dass Junge tatsächlich für Alte aufkommen, auch wenn Letztere nie für sie aufgekommen sind. Das Prinzip der Reziprozität funktioniert hier nicht so direkt wie bei anderen Peer-to-Peer-Versicherungen. Doch genauso wie Familien früher und oft noch heute in Naturalien oder Dienstleistungen intergenerationale Reziprozität pflegen, ist es vermutlich eine Frage der Zeit, bis dieses Prinzip durch eine Peer-to-Peer-Versicherung auf Nicht-Familienmitglieder ausgeweitet wird. Zumindest in diese Richtung gehen die in Japan populären Zeitkonten Fureai Kippu, die im Kapitel »Die neuen Wirs« dargestellt werden.

Peer-to-Peer-Versicherungen – Vorläufer einer Sozialrevolution

Peer-to-Peer-Versicherungen, so zeigen auch die zahlreichen Beispiele im folgenden Kapitel, können eine Sozialrevolution auslösen. Es wäre eine Revolution, die das Prinzip des Misstrauens in der sozialen Sicherung abschafft und das Prinzip des Vertrauens und der Reziprozität neu belebt. Statt soziale Sicherung über zentrale, staatliche Institutionen zu »erzwingen«, könnte man auf die Einsicht bauen, dass Mitgefühl und das Gefühl der Gegenseitigkeit allen hilft. Das wäre keine Solidarität, wie wir sie heute praktizieren, indem wir den Hilfsbedürftigen Vorgaben und Bedingungen machen, die im Einzelfall immer danebenliegen müssen und sie dadurch erst recht zu Hilfsbedürftigen degradieren. Es wäre eine solche Solidarität, die denen, die Hilfe nötig haben, Hilfe aus Freiheit zur Verfügung stellt und damit den Betroffenen die größte, psychologisch vielleicht wichtigste Hilfe leistet: das Gefühl, dass jemand sie sieht und dass sie keine Last für die Gesellschaft sind, die jetzt in Sozialwohngegenden aufbewahrt werden muss. Dass sie Menschen sind, die auch für andere wichtig sind. Dieser Aspekt, den Gerald Hüther in seinem Text weiter ausführt, wird vielleicht zu den größten Einsparungen im Gesundheitssystem führen. Es gibt kein »Programm«, mit dem wir Vergleichbares erreichen können.

Man kann einwenden, freiwillige Solidarität sei ein wunderbares Schönwetter-Konzept, das aber für die harten Zeiten nichts tauge, weil dann der Staat eingreifen müsse und per Gesetz und Gewaltandrohung (wer keine Steuern zahlt, kann verklagt werden) das nötige Geld sammeln müsse. Das mag vielleicht in der Vergangenheit gegolten haben und auch in vielen Gebieten der Welt noch so sein.

Beispiel Flüchtlingskrise

Die jüngste Flüchtlingskrise als Beispiel einer »harten Zeit« lässt jedoch auch andere Schlüsse zu. Umfragen ergaben, dass rund 26 Prozent der Haushalte in Deutschland dazu bereit gewesen wären, einen Flüchtling bei sich zu Hause aufzunehmen. Selbst mit nur 2,6 Prozent wäre die »Flüchtlingskrise« innerhalb kürzester Zeit durch freiwillige Solidarität bewältigt worden. Auch die Bereitschaft zu helfen, sich zu engagieren, war und ist in Umfragen enorm hoch. Auf der anderen Seite gab und gibt es viele Menschen – gerade in den neuen Bundesländern –, deren Bereitschaft zum Helfen überhaupt nicht vorhanden ist und war. Diese unterschiedliche Hilfsbereitschaft kann bei einer staatlichen Hilfsaktion nicht in Betracht gezogen werden. Als der Staat einsprang, wurden alle Bürger gezwungen, einen Teil ihrer Steuern für Flüchtlingshilfe abzugeben. Die Alternative wäre gewesen, nur die Menschen zur Mithilfe zu bitten, die wirklich helfen wollen. Die deutsche Regierung hat aus Gewohnheit die erste Strategie gewählt – mit vorhersehbaren Folgen. Denn jemand, der zu etwas gezwungen wird, ist der Sache nicht unbedingt gewogen. Brennende Flüchtlingsheime und Gewalt gegen Flüchtlinge sind Zeichen der Wut. Bürger sahen sich mit einer Sache konfrontiert, die gegen ihren Willen geschieht. Anders wäre es gewesen, wenn tatsächlich die bürokratischen Hürden für direkte Hilfe für Flüchtlinge (sie zu Hause unterzubringen) gesenkt worden wären. Es war rein rechtlich oft nicht möglich, weil die Wohlfahrtsbürokratie solche direkte Bürgerhilfe einfach nicht in ihren Regelwerken eingeplant hat. An den Stellen, an denen bürgerschaftliches Engagement nicht durch Bürokratie verhindert wurde, waren und sind noch heute Tausende Bürger aktiv. Sie haben zum Beispiel an den entscheidenden Tagen am Münchener Hauptbahnhof die gesamte Aufnahmeprozedur organisiert und engagieren sich heute in der Ausbildung der Flüchtlinge. Würde man auf freiwillige Solidarität setzen oder auf eine freiwillige Flüchtlingssteuer, würden Menschen, die vielleicht ganz besonders viel zahlen wollen, mehr zahlen können.

Wir haben heute die soziale Sicherung an den Staat »outgesourct«, und entsprechend fühlen wir uns als Bürger nicht verantwortlich, weder für das Elend auf der Straße noch für einen schlimmen Krankheitsfall in der Nachbarschaft. Der Staat ist zuständig. Das entlastet und schafft Klarheit. Zentralstaatliche Institutionen zeigen sich jedoch den heutigen Herausforderungen nicht mehr gewachsen, weder der mit zunehmender Geschwindigkeit auf uns zukommenden digitalen Revolution noch den sich in Zukunft noch verstärkenden Migrationswellen. Der Staat zieht sich – vielleicht auch zu unserem Vorteil – mehr und mehr aus Rente und anderen Wohlfahrtsleistungen zurück. Damit können wir uns nicht mehr auf seiner Zuständigkeit ausruhen – jetzt sind wir gefragt, *bottom-up* die soziale Sicherung in die Hand zu nehmen und die Sozialrevolution in unserem Sinne zu gestalten.

VERTRAUEN ZAHLT SICH AUS

Was braucht es, damit sich Menschen gegenseitig versichern?

Börries Hornemann

Wie könnte eine Versicherung funktionieren, bei der sich Menschen gegenseitig im Vertrauen aufeinander absichern? Brauchen wir technische Lösungen, sodass standardisierte Rechenoperationen für mehr Sicherheit sorgen? Oder neue soziale Räume, in denen Versicherung durch Vertrauen möglich ist? Im Folgenden werden einige Ansätze vorgestellt, wie Versicherungen schon heute anders gestaltet werden. Dabei geht es sowohl um Arbeitsunfähigkeitspolicen, Versicherungen für Sachgegenstände als auch um Krankenversicherungen.

Broodfonds

In den Niederlanden arbeiten über eine Million Menschen als Selbstständige. Sie profitieren nicht von den Versicherungsvorteilen der Angestellten in Unternehmen, die zum Beispiel bei Krankheit ihren Mitarbeitern 42 Tage Lohn fortzahlen. Eine Lösung wäre, dass Selbstständige regelmäßig etwas für den Bedarfsfall zur Seite legen oder über eine Versicherung Vorsorge treffen. Aber das ist häufig zu teuer, auch weil ihre Einkommen schwanken. Deswegen sind andere Lösungen erforderlich. Wie also könnte eine für und von Selbstständigen organisierte Absicherung gegen Arbeitsunfähigkeit aussehen?

Seit 2006 gibt es in den Niederlanden die Organisation Broodfonds, auf Deutsch »Brotfonds«. Die drei Gründer hatten das Problem, dass bei längerer Krankheit ihr Lohn ausblieb, sie sich aber keine gewöhnliche Absicherung leisten konnten. So starteten sie mit einer Gruppe von 20 Menschen, sich gegenseitig für den Fall der Fälle abzusichern. Fünf

Jahre später fingen sie an, den Service für Gruppen anzubieten, die sich in ähnlicher Weise gegen Arbeitsunfähigkeit absichern wollen.

Regional in Gruppen von 25–50 Menschen organisiert und als gemeinnützige Vereine registriert, zahlen die Mitglieder einen fixen monatlichen Beitrag zwischen 33 und 112 Euro ein, um im Krankheitsfall nach einer Sperrfrist von 30 Tagen zwischen 750 und 2 500 Euro Krankengeld zu bekommen. Besonders ist die regionale Verankerung der Gruppen; neue Mitglieder müssen von den anderen akzeptiert werden. So entsteht ein enger Zusammenhalt und Vertrauen. Das mindert Missbrauch und Zahlungsausfall. Die in Selbstmanagement geführten Gruppen wachsen rasant – mittlerweile gibt es 230 regionale Gruppen mit über 10 000 Mitgliedern.

Im Grunde übernimmt Broodfonds für die Mitglieder zentral das Zurücklegen für den Bedarfsfall, also gewissermaßen ein »Gruppensparen«, wobei durch die gemeinsamen Einzahlungen mehr Geld für eine Auszahlung verfügbar ist. Die Gruppengröße bietet den Vorteil, dass sie überschaubar und doch groß genug ist. Aus dem Topf werden bis zu zwei Jahre Ausfallzahlungen bezahlt. Wenn ein Mitglied seinen Vertrag kündigt, kann es die unverbrauchten Ersparnisse wieder mitnehmen – ein Unterscheidungsmerkmal gegenüber klassischen Versicherungen. Zudem ist die Organisation durch das selbstständige Management der Gruppen äußerst schlank und kostengünstig. Die Verwaltung kostet nur 10 Euro pro Mitglied und Monat, wovon 6 Euro an die allgemeine Administration (»Broodfondsmakers« genannt) fließen, der Rest ist für Kontoführung und die Verwaltung der eigenen Gruppe. Da Broodfonds nicht als klassische Versicherung anerkannt und registriert ist, können sie mit ihrem Modell ohne große regulatorische Vorgaben arbeiten.

Um eine Gruppe zu beginnen, bedarf es mindestens 20 weiterer Menschen, die in den Niederlanden als Selbstständige registriert sind und Steuern zahlen. Die Broodfondsmakers beraten die Gruppe anfangs intensiv, um das andersartige Versicherungskonzept zu verdeutlichen. Dann gibt sich die Gruppe eigene Regeln, beispielsweise, ob sie nur Mitglieder hineinlassen, die jemand kennt, oder ob es reicht, in der Nähe zu leben und zu arbeiten. Auch hat jedes Gruppenmitglied ein Vetorecht bei neuen Mitgliedsanträgen. Allerdings gilt das nur für diese Gruppe; die abgelehnten Bewerber finden so manchmal in einer anderen Gruppe ihre Versicherung.

Sobald der Start der Gruppe geschafft ist und die Verträge untereinander geschlossen sind, bleiben die Broodfondsmakers für administrative Dienstleistung und Fragen stets verfügbar. Die Verträge regeln vor allem die Namensrechte, den Zugang zur Verwaltungssoftware und zum Konto sowie die Abmachungen, wer welche Aufgaben übernimmt. Jährlich wählen die Gruppen ihre ehrenamtlichen Vorstände, die nach zwei bis drei Jahren neu besetzt werden, um die Beteiligung aller zu erhöhen. Die Gruppen haben ein verpflichtendes Treffen pro Jahr, zumeist sehen sie sich aber zwei oder drei Mal, auch weil die Selbstständigen oft mehr verbindet als nur ihre Arbeitsunfähigkeitsversicherung.

Sollte am Beginn einer neuen Gruppenbildung zu wenig Geld vorhanden sein, um einen Ausfall zu begleichen, werden nicht die vollen Beträge ausgezahlt. Außerdem hat sich eine übergeordnete Allianz der Gruppen gebildet, die sich bei Ausfall zu einer anteiligen Zahlung verpflichtet, um so wie eine Rückversicherung zu agieren.

Da 99 Prozent der ausfallenden Selbstständigen binnen der zwei Jahre wieder gesund werden, ist das Risiko relativ gering, dass die Broodfonds irgendwann nicht weiter für den Ausfall zahlen. Auch liegt die jährliche Arbeitsunfähigkeit in den Gruppen nur bei 1,27 Prozent, wodurch viel Geld zur Verfügung steht. Mit ihren verhältnismäßig geringen Prämien ist Broodfonds auch für Selbstständige bezahlbar. Für Broodfonds zählt das Vertrauen – sie prüfen keine Krankengeschichte. Man kennt sich, vertraut sich und hat eine überschaubare Gruppe. Dieses Modell, wenn auch von anderen Peer-to-Peer-Versicherern kopiert und von großen Versicherungsgesellschaften misstrauisch beäugt, funktioniert in dieser Größe bisher nur bei Broodfonds.

CommonEasy

Der Niederländer Jip de Ridder ist studierter Ökonom und hatte ähnliche Fragen an Versicherungen wie die Gründer von Broodfonds.

So experimentierte er mit Freunden, indem sie über eine Facebook-Gruppe ihre Mobiltelefone gegenseitig versicherten. Jeder zahlte monatlich einen kleinen Betrag auf ein gemeinsames Konto, und wenn das Telefon eines Mitglieds einen Schaden hatte, konnte das einfach der Gruppe mitgeteilt werden, welche dann über einen Schadenersatz entschied. Weil das über Facebook umständlich zu managen war und weil es noch viele weitere Dinge gibt, die Absicherungen benötigen – bis hin zur Versicherung gegen Arbeitslosigkeit –, hat de Ridder CommonEasy gegründet. Er entwickelte eine Software, die es ermöglicht, sich leicht mit seinen Freunden und anderen gegenseitig zu versichern.

CommonEasy funktioniert folgendermaßen: Will man zum Beispiel seinen Computer versichern, so stellt man diesen online auf der Homepage vor. Damit man überhaupt etwas versichern kann, braucht man jedoch zunächst einen Kreis (»Circle«) von anderen Menschen, die einem vertrauen und die im Schadensfall für einen aufkommen. Diese Personen können auch etwas ganz anderes versichern – Teilnahmebedingung ist nur das Vertrauen. Jeder auf CommonEasy hat einen eigenen Circle von Vertrauensleuten. Jedes Mitglied kann jedoch auch für andere Mitglieder eine Vertrauensperson und in deren Circles sein. Dadurch überlappen sich die Circles. Die Menschen, die einem vertrauen, zahlen im Schadensfall aus ihren bei CommonEasy hinterlegten Budgets. Kommt es zum Schadensfall, schlägt die Person, die eine Unterstützung braucht, eine mögliche Lösung vor, zum Beispiel einen Schaden am Auto in einer nahe gelegenen Werkstatt für einen bestimmten Betrag reparieren zu lassen. Die Menschen, die diesen Schaden bezahlen sollen, können darüber abstimmen. Allerdings tragen nicht nur die direkt verbundenen Menschen des eigenen Circles den Schaden, sondern auch – wenngleich nur einen kleineren Anteil – die Vertrauensleute von diesen, also Menschen, die nur im zweiten Grad mit dem betroffenen Versicherten verbunden sind. Bei teureren Fällen können sogar Personen, die noch einen Kreis weiter entfernt sind, mit für den Schaden haften. Das hängt des Weiteren davon ab, wie viel Risiko eine Person in das Netzwerk bringt, also wie viel Versicherungsdeckung sie selbst braucht und wie wahrscheinlich es demnach ist, dass sie Personen mit einer Verbundenheit des zweiten oder dritten Grades für die Deckung ihres Risikos benötigt. Deswegen gibt es auch bei jedem neu zu Versichernden eine Berechnung, wie viel er in das Netzwerk zahlen beziehungsweise auf seinem CommonEasy-Konto monatlich hinterlegen muss. Will er ein teures Auto versichern, muss er mehr hinterlegen als bei einem Mobiltelefon oder Computer.

Das Geld, welches auf das CommonEasy-Konto eingezahlt wird, ist dort eingefroren, auch wenn es der Person, die es einzahlt, rechtlich weiterhin gehört. CommonEasy arbeitet gemeinnützig und ist als Stiftung eingetragen. Sie nutzen für ihre Form der Versicherung die Erkenntnisse der Netzwerkwissenschaften. So entstand ein System, welches natürliche Vertrauensnetzwerke mit einem Software-Tool abbildet und nutzbar macht. Das kennt jeder: Den Menschen, die mir vertrauen, schenken auch andere Bekannte von mir Vertrauen. Das Ergebnis ist ein Vertrauensnetz. Besonders in den Niederlanden findet diese Art von Versicherungen im Vergleich zu den herkömmlichen einen hohen Zulauf.

Teambrella

Die Firma Teambrella steht noch ganz am Anfang ihrer Arbeit, doch zeigt sich in ihrem Ansatz eine interessante Neuerung. Anders als in den oben vorgestellten Beispielen versuchen sie, für ihre Versicherung auf direkte Bekanntschaften oder Begegnungen zu verzichten. Eine webbasierte Lösung, also ein Algorithmus, soll das Miteinander ersetzen. Hierdurch ließe sich, sofern das Modell angenommen wird, wesentlich einfacher eine Skalierung vornehmen. Schließlich ist das Modell viel flexibler und an keine nationalen Grenzen gebunden. Die drei Gründer von Teambrella sind russische Programmierer. Auf ihrer Plattform soll Versicherung als gegenseitiges Bewertungssystem funktionieren und so das vertrauensvolle Miteinander ersetzen. Jeder, der bei Teambrella mitmacht, bekommt einen virtuellen Geldbeutel, in dem er seine Bitcoin-Gelder zur Vorsorge sammelt. Mit einem virtuellen Schlüssel ist der Zugang gesichert. Den Schlüssel zum Geldbeutel behält jeder für sich – Teambrella stellt ihn nur bereit, hat aber keine Zugriffsmöglichkeiten. Auch Hacker können hierauf nicht zugreifen – jedenfalls gilt die hinter Bitcoin arbeitende Technologie der »Blockchain« insofern als sicher.

Um mit den anderen Versicherten finanziell in Austausch zu treten, teilt der Versicherte seinen Schlüssel mit drei bis fünf Teammitgliedern (je nach Gruppengröße). Der Server bestimmt, wer das ist. So ist gewährleistet, dass keine unfreiwillige Zahlung ohne Zustimmung des Geldbeutelbesitzers getätigt wird, während gleichzeitig auch niemand Auszahlungen an andere blockieren kann.

Jeder kann ein Versicherungsteam starten, indem er sich bei Teambrella anmeldet, eine Gruppe eröffnet und die Regeln für seine Versicherungsgruppe bestimmt. Sobald eine zweite Person bei dieser Gruppe mitmachen möchte, geht es los, und jeder kann seinen virtuellen Geldbeutel mit Bitcoins füllen. Jedes Teammitglied ist sowohl Versicherungsagent als auch Versicherter. In Selbstorganisation regeln die Teams, was sie versichern möchten, wer ein neues Teammitglied wird, wie eingezahlt wird, wie viel im Schadensfall ausbezahlt wird und so weiter.

Außerdem bestimmen sie, wie viel Wert der zu versichernde Gegenstand im aktuellen Zustand hat und wie viel die maximale Erstattung beträgt. Bei Krankenversicherungen ist das eine Höchstgrenze, die für alle gleich ist. Die Versicherungssumme übersteigt nie die Bitcoins im Geldbeutel, sodass keine Ansprüche auf noch nicht einbezahlte Summen entstehen. Sollte ein Gegenstand also teurer sein, als Bitcoins in der Kasse sind, und einen Schaden nehmen, so ist der Gegenstand nur teilweise versichert. Je größer die Gruppe, desto eher kann also ein Schaden gänzlich von der Versicherung abgedeckt sein. Wenn eine Gruppe mehrere Hundert Mitglieder hat, so bezahlt jeder nur einen geringen Anteil. Auch darum ist es ein Ziel, möglichst rasch zu wachsen. Der jeweilige Versicherungsprozentsatz ist im Nutzerkonto immer sichtbar, wodurch die Mitglieder ihre aktuelle Absicherung einschätzen können.

Teambrella sagt, dass eine vollkommen gerechte Bewertung unmöglich ist, aber ein ausgeklügelter Risiko-Koeffizient kann das jeweilige Risiko einschätzen und die Zahlungen so objektiv wie möglich regeln. Die Teams gründen sich zunächst aus Bekannten und Freunden, oder aber sie gruppieren sich um Sachgegenstände oder Leistungen. Somit kann jeder auch mit völlig Unbekannten in einer Versicherungsgruppe sein, die ein Interesse an einer bestimmten Versicherungsleistung eint. Die Teams unterschreiben virtuelle Verträge (über Blockchain gesicherte *smart contracts*). Teambrella zeichnet diese nicht gegen und lässt somit die Mitglieder die Dinge untereinander regeln. Rechtlich hält sich Teambrella raus. Das geht bis in die Finanzen, sodass Teambrella auch bei den Auszahlungen nicht regulierend eingreift. Als ihre Aufgabe sehen sie nur, die Plattform sicherzustellen, auf welcher die Versicherten untereinander sich versichern. Allerdings plant Teambrella, in Zukunft einen Anteil der Zahlungen zu erhalten. Sie wollen immer dann, wenn eine Auszahlung an ein Mitglied getätigt wird, 5 Prozent davon einziehen. Die Beteiligung, die erst bei Auszahlung zustande kommt, garantiert ihnen diese Gebühr von 5 Prozent. Da Teambrella aber noch am Anfang steht, werden bisher keine Gebühren erhoben.

Alle Entscheidungen werden direkt von den Versicherten getroffen. Ein transparenter Abstimmungsmechanismus gibt jedem ein Stimmrecht. Der Mechanismus gleicht Methoden von *liquid democracy*[1]. Das Gewicht der Stimme ist dabei proportional zu den bisherigen Auszahlungen an die anderen Teammitglieder. Wer schon viel bezahlt und fair gehandelt hat, dem vertrauen mehr Mitglieder, sodass seine Stimme mehr zählt. Die Transparenz garantiert, dass jemand, dessen Entscheidungen als unfair eingeschätzt werden, schlechtere Karten hat, sollte er irgendwann selbst einen Schadensfall melden. Die Transparenz sorgt für Fairness – ohne dass eine dritte Partei über die Belange der Versicherten entscheidet. Das gleicht dem Sandkastenspruch: »Was du nicht willst, das man dir tu, das füg' auch keinem anderen zu.«

1 Bei der Methode *liquid democracy* kann jeder seine Stimme einbringen oder an eine andere Person übertragen. Die Annahme ist, dass sich Stimmen bei kompetenten Personen häufen. Personen mit mehreren ihnen anvertrauten Stimmen können das Stimmrecht ebenfalls weitergeben, was zu weiterer Anhäufung führt (*delegated voting*).

Im System von Teambrella kann jedes Teammitglied alle Entscheidungen einsehen. Wer sich nicht stark engagieren will oder kann, hat die Möglichkeit, die Entscheidungen an einen Stellvertreter zu delegieren. Auch Stellvertreter können ihre Stimme an andere Vertreter im Team abgeben. Da alle Vertreter weiterhin dem Urteil der Gruppe unterstehen, haben sie ein hohes Eigeninteresse, stets fair zu entscheiden. Wenn eine Gruppe sehr groß geworden ist, kann das Team entscheiden, den Stellvertretern einen kleinen Prozentsatz der Auszahlungen zu geben und sie so zu professionellen Moderatoren ihrer Gruppe machen – solange sie in den Augen der Gruppenmitglieder fair entscheiden. Diese semiprofessionellen Gruppenmoderatoren können auch zu gewöhnlichen Versicherungsverwaltern werden und Risikoabschätzung, Unfallbewertung und so weiter betreiben. Damit erweisen sie sich als besonders engagiert und können sich einen guten Ruf erarbeiten. Gleichwohl schwindet damit der Unterschied zwischen Teambrella und gewöhnlichen Versicherungen, da die persönliche Verantwortung der Mitglieder an andere delegiert wird. Das mindert im System die informellen Beziehungen untereinander.

Es erweist sich als Vorteil und als gleichzeitige Gefahr dieses technischen Ansatzes, dass es keine vermittelnde Instanz gibt. Einzig der Algorithmus und die Entscheidungen untereinander gewähren die Versicherung. Das garantiert, dass keiner über andere entscheidet, ohne selbst betroffen zu sein. Da die Versicherung sich aber einzig online abspielt, findet keine echte Begegnung zwischen den Menschen statt. Die Idee dahinter ist, dass es bei gleichen Interessen auch ohne persönliches Vertrauen geht. Durch den transparenten Abstimmungsprozess sieht Teambrella gewährt, dass auch in großen Gruppen ein fairer Umgang stattfindet.

Das stellt die Grundfrage in den Raum: Basiert das gegenseitige Absichern auf Vertrauen in einem Interessenverbund oder auf Sicherheit, weil ein Rechtsanspruch gewährt wird, den ein komplexer Algorithmus errechnet? Die meisten Peer-to-Peer-Versicherer gewähren keinen Anspruch und bauen darauf, dass sich untereinander bessere Lösungen ergeben können. Teambrella versucht, dazwischen eine Position aufzubauen, die das eine mit dem anderen verbindet. Da es viele weitere interessante Unternehmen gibt, werden im Weiteren andere Ansätze und Praktiken vorgestellt.[2]

Friendsurance

Das Berliner Unternehmen Alexto GmbH ist das erste Unternehmen, welches in Deutschland 2010 mit Friendsurance eine Peer-to-Peer-Versicherung auf den Markt brachte. Hier lassen sich Kfz-Versicherungen, Hausrat- und Handy- beziehungsweise Laptopversicherungen abschließen, aber auch Haftpflicht- und Rechtsschutzversicherungen werden angeboten. Die Mitgliederzahlen steigen rasant: Allein 2015 konnte das Unternehmen 75 000 Neukunden gewinnen.

Friendsurance agiert wie ein Versicherungsmakler und vermittelt Versicherungspolicen von traditionellen Versicherungen an seine Kunden. Diese Versicherungspolicen haben eine hohe Selbstbeteiligung und einen geringen Versicherungsbeitrag. Die Differenz zwischen dem geringen Beitrag und dem durchschnittlichen Auszahlungsbetrag wird von einer Gruppe in einen gemeinsamen Topf gezahlt. Im Falle, dass eine Person in der Gruppe einen Schadensfall meldet, wird dieser bis zur Höhe der Selbstbeteiligung aus dem Topf bezahlt; wenn die Schadenssumme die Selbstbeteiligung übersteigt, springt die Versicherung ein. Angenommen, viele der Gruppenmitglieder melden einen Schaden und das im Topf gesparte Geld reicht nicht aus, dann übernimmt eine Rückversicherung die Kosten. Wenn über ein Versicherungsjahr keine oder nur wenige Schäden auftreten, können die Versicherten so bis zu 40 Prozent ihres Jahresbeitrags zurückgezahlt bekommen.

Friendsurance setzt mit seinem Modell nicht auf die Solidarität der Kunden untereinander, sondern arbeitet gewinnorientiert und generiert seine Erträge durch eine weitgehend intransparente Maklergebühr. Gleichwohl, die Kunden profitieren davon.

2 Für die Recherche sei Lukas Kunert vom Forschungsnetzwerk NEOPOLIS herzlich gedankt!

InsPeer

Das im Februar 2014 gegründete Unternehmen InsPeer bietet für den französischen Markt ein ähnliches Peer-to-Peer-Versicherungsmodell wie Friendsurance an. Dabei beschränkt sich InsPeer auf Kfz- und Hausratversicherungen. Auch hier werden Versicherungspolicen mit hohen Selbstbeteiligungen bei traditionellen Versicherungen abgeschlossen. Das gesparte Geld fließt aber nicht in einen gemeinsamen Topf, sondern verbleibt bei den Mitgliedern. Auf der von InsPeer angebotenen Plattform können die Mitglieder Partnerschaften mit anderen Mitgliedern eingehen. Wenn ein Mitglied einen Schadensfall meldet, bekommt es von seinen Partnern die Schadenssumme bis zur Höhe der Selbstbeteiligung erstattet und andersherum. Für die Dienstleistung bekommt InsPeer im Schadensfall eine Gebühr von 10 Prozent der Schadenssumme, ansonsten ist die Dienstleistung kostenfrei.

Guevara

Die Peer-to-Peer-Versicherung Guevara kommt ohne die individuellen Versicherungspolicen der Mitglieder bei traditionellen Versicherungen aus. Guevara wurde im Juni 2014 in London gegründet und bietet ausschließlich Kfz-Versicherungen an. Hierzu wird, wie bei traditionellen Versicherungen, mit Kriterien wie zum Beispiel dem Alter des Fahrers und der Marke des Autos ein Basispreis errechnet. Im nächsten Schritt schließen sich die Mitglieder einer vorhandenen Gruppe an oder gründen eine neue Gruppe (mindestens fünf Mitglieder). Alle errechneten Basispreise werden zu einem Teil in einen gemeinsamen »Protection Pool« und zum anderen Teil in eine Gruppenversicherung eingezahlt. Wie sich der Beitrag auf Protection Pool und Gruppenversicherung aufteilt, hängt von der Größe der jeweiligen Gruppe ab. Dabei gilt: Je größer die Gruppe, desto mehr fließt in den Protection Pool ein (bis zu 50 Prozent). Im Falle eines Unfalls werden die Kosten aus dem Protection Pool gezahlt. Gibt es in einem Jahr mehr Unfälle als Geld im Pool, springt die Gruppenversicherung ein. In diesem Fall zahlen die Mitglieder der Gruppe im nächsten Jahr wieder den vollen Basispreis. Wurde gar kein Unfall geltend gemacht, so beschränken sich die Kosten im Folgejahr auf den Gruppenversicherungsanteil.

Sowohl Friendsurance und InsPeer als auch Guevara sind in ihren Ländern staatlich anerkannt, während die folgenden Versicherer rechtlich in Nischen agieren.

PeerCover

Bei dem Anbieter PeerCover aus Neuseeland kann die Selbstbeteiligung von Versicherungspolicen aus den Bereichen Kranken-, Lebens- und Nichtlebensversicherung (die auch Teilschäden abdeckt) durch eine Peergroup abgesichert werden. Dafür kaufen sich die Mitglieder eine Versicherungspolice mit Selbstbeteiligung bei einem traditionellen Versicherungsunternehmen und wählen das Absicherungsniveau für die Selbstbeteiligung bei InsPeer (zwischen 250 und 2000 Neuseeland-Dollar). Damit diese Summe im Schadensfall durch den Gruppenpool bezahlt wird, zahlt jedes Mitglied ein Fünftel seiner Selbstbeteiligung in den Pool ein. Durch dieses Modell können auch Selbstbeteiligungen aus verschiedenen Versicherungssparten miteinander in einem Pool abgesichert werden, wobei es zu einer ungleichen Risikoverteilung in den Gruppen kommen kann. Im Schadensfall fällt eine Bearbeitungsgebühr von 100 Neuseeland-Dollar an, ansonsten ist die Nutzung der Plattform kostenfrei.

CycleSyndicate

Richard und Dillan waren jahrelange Mitarbeiter der Finanzbranche und sind leidenschaftliche Radfahrer. Sie haben 2015 eine Peer-to-Peer-Plattform zur Absicherung gegen Fahrraddiebstahl gegründet. Über die Firma CycleSyndicate können sich Gruppen von Radfahrern zusammenschließen, egal ob mit Kollegen, Freunden oder Vereinsmitgliedern. Der Wert aller in einer Gruppe abgesicherten Fahrräder wird addiert, dann wird errechnet, wie groß der Anteil eines jeden Mitglieds ist. Dies hängt vom Wert seines Fahrrads ab. Der Anteil wird als Rechengrundlage für den Fall eines Diebstahls verwendet. Das bedeutet, wenn der Wert eines Fahrrads A (800 Euro) 5 Prozent des gesamten Werts der Gruppe (16 000 Euro) ausmacht und ein Fahrrad B im Wert von 1 000 Euro aus der Gruppe gestohlen wird, beteiligt sich der Besitzer des Fahrrads A mit 50 Euro am Erwerb eines neuen Fahrrads für B. Da erst bei realem Diebstahl das Geld anfällt, muss kein Geld unnötig in einem Gruppenpool kumuliert werden und die Liquidität der Mitglieder bleibt erhalten.

Artabana

Einen besonderen Stellenwert unter den Versicherungen nehmen die (in vielen Ländern verpflichtenden) Krankenversicherungen ein. Hierbei gibt es sowohl schon länger etablierte Formen als auch neue Ansätze. Die erste 1987 in der Schweiz gegründete Solidargemeinschaft im Gesundheitswesen heißt Artabana. Seit 1999 gibt es sie auch in Deutschland. Hier zählt sie mittlerweile über 2 000 Mitglieder. Die Grundlage für die Solidargemeinschaft bei Artabana bildet ein Netz aus lokalen Gruppen, in denen sich die Mitglieder monatlich treffen. Diese Treffen sind die Basis für Vertrauen und Sicherheit, auf die im Krankheitsfall zurückgegriffen werden kann. Tritt ein solcher ein, kann die betroffene Person zuerst kleine Kosten aus ihrem persönlichen Gesundheitsfonds tilgen. Reicht dieser nicht aus, um die Kosten zu decken, wird der gemeinschaftliche Gesundheitsfonds der lokalen Gruppe angefragt. Bei schwereren Krankheitsfällen kann der lokale Gesundheitsfonds überfordert sein. Dann springt die regionale Gruppe (Verbund von lokalen Gruppen) ein. So können subsidiär bis zum Bundesverband (Verbund aller Gruppen) die Kosten anteilig übernommen werden. Der gesamte Betrieb wird ehrenamtlich organisiert. Die Kostenübernahme erfolgt bei Artabana nach Einverständniserklärung der Gruppen. Die Beiträge können die Mitglieder frei wählen, wobei empfohlen wird, sich an den erwarteten Krankheitskosten (60 Prozent) und einem zusätzlichen Solidarbeitrag (40 Prozent) zu orientieren. Bei Artabana wird besonders darauf geachtet, dass den Mitgliedern eine freie Therapiewahl ermöglicht wird.

Solidago

Solidago ist die jüngste der Solidargemeinschaften im Bereich Gesundheitswesen, die nach einem sehr ähnlichen Prinzip wie Artabana funktioniert. Auch hier gibt es eine subsidiäre Gruppenstruktur sowie freie Therapiewahl. Beim Zuspruch von Krankheitskosten unterscheidet sich Solidago von Artabana dahingehend, dass nicht die Gruppe, sondern ein gewählter Treuhänder nach einheitlichen und transparenten Kriterien den Zuspruch gewährt. Der Beitrag errechnet sich bei Solidago am zu versteuernden Einkommen und liegt derzeit bei 10 Prozent. Insgesamt gibt es 26 lokale Gruppen mit 5 bis 50 Mitgliedern, die sich monatlich treffen, um Vertrauen aufzubauen und sich mit Themen wie zum Beispiel Patientenverfügungen auseinanderzusetzen.

Samarita

Die erste in Deutschland gegründete Solidargemeinschaft ist Samarita (1997). Auch Samarita ist im Gesundheitswesen tätig, schlägt aber einen anderen Weg als Solidago und Artabana ein. Es gibt zwar eine dezentrale lokale Gruppenstruktur, die Verwaltung und die Entscheidung über die Finanzen liegen jedoch in den Händen von Experten in der Bremer Geschäftsstelle. Die Gruppen dienen vor allem dem Aufbau eines sozialen Netzes, dem Wissenstransfer sowie der Beschäftigung mit Grundsatzfragen. Die Beiträge sind bei Samarita an das Gesamteinkommen und die Anzahl der Mitversicherten gebunden. Der Beitrag wird 50/50 auf ein Individualkonto und den

Solidarfonds aufgeteilt. Im Krankheitsfall kann ein Mitglied zuerst auf sein Individualkonto zurückgreifen, als Grundlage dafür gilt ein festgeschriebener Zuwendungsrahmen. Wenn das Individualkonto ausgeschöpft ist, kann ein Antrag auf Unterstützung durch den Solidarfonds gestellt werden. Die Entscheidung über den gestellten Antrag fällt der Vorstand – auch hier gilt der Zuwendungsrahmen, von dem aber zugunsten der Mitglieder abgewichen werden kann. Für den Fall von Großschäden ist Samarita über den Dachverband BASSG (Bundesarbeitsgemeinschaft von Selbsthilfeeinrichtungen und Solidargemeinschaften im Gesundheitswesen) rückversichert.

Die hier vorgestellten neuen Ansätze für soziale Sicherheit im 21. Jahrhundert zeigen einen wichtigen Trend: *bottom-up* bilden sich soziale Gemeinschaften, die sich gegenseitig absichern, entweder im Kontext von gemeinnützigen oder von gewinnorientierten Unternehmen. Grundsätzlich lässt sich feststellen, dass die Vielfalt an neuen Ideen und Ansätzen riesig ist, von der Gestaltung der Versicherungspolice durch die Mitglieder selbst bis zur Absicherung ohne Rechtsanspruch. Dieses Prinzip kann womöglich manche Probleme beseitigen. So liegt in Peer to Peer eventuell ein Weg, wie die schlechte Altersvorsorge von Frauen aktiv beseitigt werden kann, indem sich Frauen Peer to Peer zusammenfinden und sich gegenseitig sozialen Schutz bieten. Noch gibt es hierzu nicht mehr als erste Ideen, doch kann aufgrund der Dringlichkeit die Entwicklung zügig stattfinden.

Klar ist: Wir brauchen Modelle, die sich den Situationen der Menschen schneller und individueller anpassen. Dafür bieten die untersuchten Organisationen gute und flexible Lösungen an. In der näheren Zukunft wird zu beobachten sein, wie sich die neuen Ansätze weiterentwickeln und ob sie sich auch in großem Stil eignen.

DIE NEUEN WIRS

Welche neuen Formen des sozialen Miteinanders gibt es heute?

Börries Hornemann

Wenn Lisa mit ihren Brüdern Lasse und Bosse zum Nachbarhof geht, um Britta und Inga zum Spielen abzuholen, sind das nur ein paar Schritte. Die drei Höfe in Bullerbü stehen aber nicht nur nah beieinander, auch die Menschen dort sind sich nah – drei Familien mit Gesinde und ein Großvater. Wenn es etwas zu tun gibt, packen alle mit an; wenn einer krank im Bett bleiben muss, kümmert sich jemand um ihn und übernimmt selbstverständlich seine Arbeit.

Was in dem Kinderbuchklassiker *Wir Kinder aus Bullerbü* von Astrid Lindgren als heile Welt beschrieben wird, galt ähnlich vor gar nicht langer Zeit für das Gros der Gesellschaft. Die Familie lebte eingebunden in eine größere Familie, aus welcher der Mann oder die Frau hervorgegangen war, sodass Tanten, Onkel und Großeltern zum täglichen Umgang gehörten. Dabei blieb der Radius des sozialen Geschehens überschaubar und die Verhältnisse über Generationen stabil. Diese soziale Nähe barg enorme Vereinfachungen für die gegenseitige Unterstützung bis hin zur sozialen Absicherung im Alter.

In den heutigen Verhältnissen des Großstadtlebens, wo zwei arbeitende Elternteile ein bis zwei Kinder von Fremden (teil-)betreuen lassen oder gleich ohne Kinder leben, muss der soziale Zusammenhalt neu gedacht und neu gemacht werden. Längst gehören wir nicht mehr nur zu einem »Wir«, welches uns mit Geburt gegeben wurde, sondern nehmen an diversen »Wirs« teil, welche sich im Laufe unseres Lebens wandeln können und von uns selbst gestaltbar sind.

Der französische Soziologe Émile Durkheim beschreibt diese wandel- und gestaltbaren »Wirs« bereits 1893 und nennt sie »organische

Solidarität«.[1] Entscheidend für diese Solidarität wird die Selbstverantwortung des Einzelnen, damit alle in der Gemeinschaft profitieren. Damit ist der Individualismus des Einzelnen kein Problem, sondern eine besondere Zutat zum solidarischen Zusammensein. Wenn jeder sein Bestes beisteuert, kommt für alle etwas Gutes heraus.

Im Folgenden werden Beispiele für ein neues soziales Miteinander sowie die Ideen, die dahinterstecken, aufgeführt. Hierbei geht es um Altersvorsorge und Nachbarschaftshilfe, um Spenden und andere Formen direkter Hilfe durch Geld. Zudem wird das dringliche Problem der Altersarmut von Frauen beleuchtet.

Zeitkonto – eine Vorsorge-Alternative

In Japan sind wirtschaftliche Herausforderungen und demografische Entwicklungen denjenigen in Mitteleuropa und den USA häufig um einige Jahre voraus. So haben im Jahr 2016 bereits 51 376 Japaner ihren hundertsten Geburtstag gefeiert, und jedes Jahr werden es mehr.[2] Urbanisierung und das Zurückgehen familiärer Beziehungen sind noch weiter fortgeschritten als in Europa und den USA. Dennoch gab es bis zu Beginn des 21. Jahrhunderts keine staatliche oder obligatorische private Altersversicherung. Interessant ist es deshalb, zu sehen, welche Lösungen sich dort für die Altersvorsorge und Altenpflege entwickelt haben. Es bestand angesichts einer zusehends älter werdenden Bevölkerung und der mit der Pflege der alten Angehörigen überforderten Kleinfamilien dringender Handlungsbedarf. Kulturell ist es in Japan schwierig, unbezahlte Hilfe von Nichtverwandten anzunehmen. Auf einen Gefallen wird mit einem Gefallen geantwortet – ein Dilemma für hilfsbedürftige Menschen. Bezahlte Hilfe aber ist häufig zu teuer. So halfen sich die Menschen oftmals dadurch, dass sie ihre alten Verwandten mit einer Jahreskarte fürs Badehaus

1 Émile Durkheim: Über soziale Arbeitsteilung. Studie über die Organisation höherer Gesellschaften. 1992, S. 82.

2 Vergleiche http://www1.wdr.de/radio/wdr5/sendungen/profit/profit-rente-100.html

ausstatteten, jeden Morgen dort mit Essensvorräten absetzten und abends wieder abholten. Das war auf Dauer keine menschenwürdige Lösung.

Deshalb wird seit 1995 in Japan dem demografischen Wandel mit einem Modell begegnet, welches »Fureai Kippu« heißt, auf Deutsch »Ticket für gegenseitigen Kontakt« oder auch »Berührungsgutschrift«.[3] Die Idee ist, dass zu den Möglichkeiten einer umlagefinanzierten oder kapitalgedeckten Altersvorsorge ein System tritt, in welchem tatsächliche Arbeit geleistet werden kann, woraufhin im Alter oder im Notfall ein Anspruch auf eine ähnliche Leistung entsteht. Somit ist Fureai Kippu eine Form von »Währung«, welche vermittelnd zwischen den Generationen wirkt. Auch können die Ansprüche weitergegeben werden, sodass beispielsweise eigene Angehörige, welche aktuell pflegebedürftig sind, mit »erwirtschafteten« Ansprüchen anderer versorgt werden können. Darüber hinaus führt das Ansparen und Verschenken von Pflegestunden zu einer besonderen Form des bewussten Austauschs unter den Menschen. Wenn Kinder weit weg von ihren Eltern leben, können sie durch geleistete Stunden den Eltern etwas zugute kommen lassen.

Fureai Kippu ermöglicht älteren Menschen, sehr viel länger in ihrer eigenen Wohnung zu bleiben, da die ambulanten Laiendienstleister auch hier vorbeikommen. Sie können den Alten- und Pflegeheimen länger fernbleiben, was im Gesundheitswesen große Einsparungen möglich macht. Zudem bringt es fremde Menschen in ein professionelles und gleichzeitig privates Verhältnis zueinander, da Fureai Kippu mehr ist als die Dienstleistung eines bezahlten Pflegedienstes. Das Gemeinschaftsgefühl wird gestärkt. Der Erfolg des Systems zeigt sich auch darin, dass die ungelernten »Stundenkräfte« gegenüber professionellen Pflegern mittlerweile bevorzugt werden, da sie eine höhere Motivation mitbringen. Zudem ist die »Währung« des Systems absolut inflationssicher – eine Stunde Zeit bleibt

3 Vergleiche Mayumi Hayashi: Japan's Fureai Kippu Time-Banking in Elderly Care: Origins, Development, Challenges and Impact. International Journal of Community Currency Research 16 (A). 2012, S. 30–44.

eine Stunde Zeit. Ein häufig gelobter Aspekt ist zudem, dass jüngere Menschen durch eigene Erfahrungen eine konkrete Vorstellung von den Besonderheiten des Alters erlangen. Dieser Vorausblick auf kommende eigene Unzulänglichkeiten fördert das Verständnis und infolgedessen den Respekt und die Hilfsbereitschaft.

Da das Furea Kippu-System durch keine zentrale Organisation gesteuert wird, entstehen Abweichungen innerhalb der heutigen circa 400 als Vereine organisierten Nichtregierungsorganisationen, über welche die Dienste vermittelt werden. Dadurch bilden sich regionale Spezifika heraus und die Vereine haben ein engeres Verhältnis zu ihren Mitgliedern. Die Vereine wiederum sind angeschlossen an die Rechnungsstelle eines »Banksystems«, über welches die geleisteten Stunden verrechnet werden. Die Währungseinheit ist dabei überall eine Stunde Service. Gleichwohl werden die Leistungen unterschiedlich bewertet: Eine Stunde Einkaufen erzeugt eine Stunde, während eine Stunde Körperpflege zwei Stunden auf dem Zeitkonto bedeuten. Wer keine Zeit ins Fureai Kippu einzahlen kann oder möchte, kann sich sein Stundenkontingent auch ganz pragmatisch kaufen oder seine geleisteten Stunden teilweise monetarisieren.

Das System sieht sich als Ergänzung zu professionellen Pflegediensten und möchte die Menschen motivieren, wieder mehr füreinander da zu sein, die Generationenkonflikte abzumildern und so eine Kultur der Gegenseitigkeit und des Miteinanders zu schaffen. Willkommener Nebeneffekt ist die Kostensenkung der Altersversorgung. Da dieser private Pflegeaustausch nicht ausreicht, kooperieren die Organisationen, die mit Furea Kippu arbeiten, auch mit professionellen Pflegediensten. Neben der Altenpflege spielt auch die Nachbarschaftshilfe eine große Rolle bei Furea Kippu. So geben Studien an, dass nur 9 Prozent der Freiwilligen das Sparen von Zeitguthaben zur Vorsorge als Hauptmotiv angeben. Der Großteil nimmt aus altruistischen Gründen an diesem System teil und hat gar nicht die Absicht, sein Zeitguthaben einzulösen.

Interessant an Furea Kippu ist auch, dass es kein direktes Tauschgeschäft ist – ich helfe einer Person, und wenn ich hilfsbedürftig bin, wird mir eine andere Person helfen. Es ist eine praktische Form eines

Generationenvertrags. Da man auf diese Weise vorsorgen kann, ohne finanzielle Rücklagen bilden zu müssen, ist Furea Kippu auch als ergänzendes System attraktiv und schafft mehr Flexibilität.

Nachbarschaftshilfe in anonymer Großstadt

Man kennt das aus älteren Filmen – in Pariser Wohnhäusern mit mehreren Treppenaufgängen, Hinterhaus und Hof wohnt unten ein »Concierge«, der sich um alle Belange des Hauses kümmert. Er sorgt für Sicherheit, kennt die Bewohner, weiß um die sozialen Gegebenheiten und setzt sich für ein gutes Miteinander ein. Früher gab es solche Hausmeister in vielen Großstädten, heute fast nur noch in *gated communities* für Superreiche. Gleichwohl sind Sicherheit, gelingendes Miteinander und funktionierende Technik jedem Menschen willkommen. Immerhin ist der Beruf des Hausmeisters dem Namen nach ein Meisterberuf. Aber wie soll bei den innerstädtischen Mieten von den Mietern noch ein Concierge bezahlt werden? Eigentlich wäre es Aufgabe der Vermieter, einen Teil ihrer Einnahmen in einen Hausmeister zu investieren.

Doch Hausmeister, sofern es sie noch gibt, betreuen heute diverse Großwohnanlagen und kommen nur sporadisch vorbei. Von direkter, vertrauter Atmosphäre kann keine Rede sein. Die ursprüngliche Bestimmung des Hausmeisters, für kleine und mittlere Handwerksdienste und für einen gerade hängenden Haussegen zu sorgen, scheint heute ersatzlos gestrichen zu sein.

In Paris könnte sich das nun ändern. In einer der größten europäischen Städte ist es nahezu unmöglich, günstige haushaltsnahe Dienstleistungen zu bekommen. Oft sind schon die Anfahrtswege so kostenintensiv, dass sich der Einsatz weder für den Kunden (zu teuer) noch für den Handwerker (zu aufwendig) lohnt. Dabei kann schon das Einschrauben einer Glühbirne oder das Aufhängen von Gardinen für den einen eine schier unlösbare Herausforderung darstellen, während es für den anderen ein Kinderspiel ist. Könnten diese zwei Seiten nicht zueinanderfinden?

Die Idee heißt Lulu (»Lülü« gesprochen) – als einprägsamer Kunstname für Helfer, die in solchen Situationen einspringen. In einem kleinen grünen Kiosk, der sich seit Längerem ungenutzt auf der Straße befand, hat sich das Unternehmen »Lulu dans ma rue« (Lulu in meiner Straße) eingemietet, um solche Dienstleistungen zu vermitteln. Weitere Kioske werden folgen. Die Lulus bekommen 5 bis 10 Euro die Stunde, je nach Art der Hilfe. Mit einer Provision von 15 Prozent wird das Organisationsteam bezahlt. Die Helfer sind als Kleinunternehmer beim Finanzamt gemeldet und können so steuerbegünstigt bis zu 32 000 Euro dazuverdienen. Sie durchlaufen bei Lulu dans ma rue ein Bewerbungsverfahren und unterschreiben einen Kodex. Mittlerweile sind über 70 Lulus gemeldet. Im Falle eines Arbeitsunfalls sind sie für ihre selbstständige Arbeit versichert.

Interessant ist, dass Lulu dans ma rue Hilfe vermittelt, ohne große technische Hilfsmittel einzusetzen. Gebucht werden kann vor Ort am Kiosk, telefonisch oder online. Die registrierten Lulus wählen, welche Arbeit sie verrichten wollen, beziehungsweise werden von den Mitarbeitern am Kiosk angerufen, wenn es etwas Passendes zu tun gibt. Den Handwerkern kommen sie dabei nicht in die Quere, weil die kleinen Arbeiten für Handwerker nicht attraktiv sind.

Die Idee des Kiosks als zentraler Treffpunkt auf der Straße, an welchem die Dienste getauscht werden, lässt ein neues Gefühl für Nachbarschaft entstehen. Die Menschen kommen zusammen und lernen sich über das bloße Hallo hinaus kennen. Zudem vermittelt der Dienst durch sein Auswahlverfahren Sicherheit. Da zumeist Frauen nach Laien-Handwerkern fragen, ist das wesentlich.

Während der Einkauf der älteren Dame für sie selbst zu schwer ist, hat sie im Gegenzug vielleicht genau die Stunden am Tag Zeit, in welchen die Kinder ohne Betreuung sind. So wäscht eine Hand die andere. Allerdings muss es nicht die tatsächliche gegenseitige Hand sein – durch die Bezahlung der Dienstleistungen bleiben die Lulus anonym genug, um nicht auf ausgleichende Hilfe angewiesen zu sein.

Das Beispiel der Lulus zeigt, dass jeder Mensch etwas zu einer Gemeinschaft beitragen kann. Sich diese Fähigkeiten gegenseitig auf einem genügend professionellen Niveau anzubieten, ohne dass es den privaten Kostenrahmen sprengt, ist der Drahtseilakt, welchen das Unternehmen zu gehen versucht. Schwierig wird das aber schon, wenn die Lulus anfangen, ihren Nebenjob hauptberuflich auszuüben. Dann verschwindet die nachbarschaftliche Komponente und sie werden zu Profis und das Unternehmen zu einem gewöhnlichen Handwerksvermittler. Das ist ähnlich wie bei den Uber-, Lyft- oder BlaBlaCar-Fahrern. Mit der Idee, Autos auf ihren Fahrten voll zu besetzen oder Fahrer nach ihrer regulären Arbeit noch ein wenig dazuverdienen zu lassen, war allen gedient. Jetzt aber, da so manche Fahrer ausschließlich für die Vermittlungsdienste tätig werden, entsteht eine gegenseitige Abhängigkeit zwischen Unternehmen und Fahrer, unter der die Idee leidet.

Wie geht Helfen heute?

Eine Form der globalisierten Fürsorge stellt das Spenden dar. Dabei haben sich manche Spendenempfänger über Jahrzehnte so eingerichtet, dass die eingehenden Gelder erwartet werden und man mit ihnen kalkuliert. Das erzeugt Abhängigkeit. Zudem erweist es sich als problematisch, dass bei großen Spendenorganisationen ein Gutteil des gespendeten Geldes für Verwaltung und Marketing verbraucht wird. Mit ausgeklügelter Strategie werden Testläufe für Spendenaufrufe durchgeführt, um zu validieren, auf welche Ansprache die Menschen am stärksten reagieren und am meisten Geld spenden. Das gleicht den psychologischen Tricks von Werbung und Marketing.

Aber selbst wenn viel Geld zusammenkommt, ist nicht jede Spende eine Hilfe. Selbst der Sinn von Dienstleistungen, welche in weniger entwickelten Weltgegenden dringend benötigt und von Hilfsorganisationen durchgeführt werden, ist manchmal durchaus fraglich. So berichtet ein Arzt, der zweimal im Jahr während zehntägiger Aufenthalte in Kenia Untersuchungen und Not-OPs durchführt, dass damit nicht nur Gutes erreicht wird. Die langen Schlangen vor seinem Sprechzimmer und der volle OP-Plan zeigen zwar, wie viel Bedarf besteht. Allerdings verhindert der Einsatz auch, dass sich lokale und nachhaltige Strukturen herausbilden.

Ebenso zerstören auch Geldspenden manche lokalen Strukturen, wenn wegen der Abhängigkeit keine eigene Professionalisierung stattfindet.

Anders macht es die Organisation Family Independence Initiative in den USA. Sie hilft verarmten Familien nur so weit, dass sie sie beim Zusammenschluss mit anderen Familien unterstützt, ohne weiter einzugreifen. Die Erfahrung hat den Gründer Mauricio Miller gelehrt, dass jede Einmischung Gift für Selbstständigkeit ist. Fünf bis acht Familien treffen sich monatlich, um gemeinsam ihre Probleme zu besprechen und Lösungen zu entwickeln. Die Ergebnisse sind beachtlich: Binnen zwei Jahren wuchs das Einkommen der Familien im Schnitt um 23 Prozent, die Sparquote stieg um 120 Prozent. Die Eigenständigkeit führte bei fast jeder dritten Familie zur Eröffnung eines Geschäfts, während die Schulleistungen der Kinder sich deutlich verbesserten. Die Helfer stehen lediglich als Ansprechpartner zur Verfügung, ohne aktiv einzugreifen.

Der große Wert für die teilnehmenden Familien sind die Netzwerke, die sie gemeinsam bilden. Das wirkt sozial stabilisierend und bringt häufig Synergieeffekte, von welchen alle Teilnehmenden profitieren. Die Nachahmungsrate ist im nahen Umfeld sehr hoch, wodurch sich jeder Erfolg schnell multipliziert. Das bricht die lähmende Haltung auf, die sich oft in armen Bevölkerungsschichten einschleicht, die auf Hilfe von außen warten, anstatt selbst aktiv zu werden. Die Macht des Verbundes in Gruppen ermöglicht ihnen nun, diese Haltung zu überwinden.

Eine weitere Besonderheit von Family Independence Initiative ist, dass sie die Familien über ihre Geldangelegenheiten Buch führen lassen. Diese eigene Datenerhebung macht sie zu ihren eigenen Managern. In einem monatlichen Journal berichten sie der Organisation, wie ihre gesundheitliche, ökonomische, soziale und wohnliche Lage ist. Hierfür bekommen sie einen Laptop gestellt. Die Eigenermächtigung und das Bewusstsein für die eigene Situation führen zu einem sorgsameren Umgang mit Geld und mehr Konsumbewusstsein. Erst wenn das Journal eingegangen ist, werden monatlich 500 Dollar bedingungslos zur Verfügung gestellt. Sollte eine Familie einen höheren Betrag für eine Investition benötigen, so ist die Gruppe erster Ansprechpartner. Die Mitgliederfamilien bilden so Geldleihzirkel, die das Bonitätsmaß erhöhen, weil sie insgesamt kreditwürdiger werden.

Manche Spenden- und Hilfsprojekte sind besonders erfolgreich, weil ihr Ziel ist, sich selbst abzuschaffen. Zudem ist wichtig, dass Geldspenden keine Verwendung vorschreiben, sondern in die Eigenverantwortung übergeben werden. Das ermöglicht Begegnung auf Augenhöhe.[4] Wenn sich darüber hinaus die Hilfsorganisation rechtzeitig zurückzieht, ohne Abhängigkeiten entstehen zu lassen, hat dies die Funktion einer Anschubfinanzierung.

Vom Spenden und Spendieren

Was heute zudem möglich ist, sind schlanke Organisationen, die kaum Gebühren aus den Spenden einbehalten müssen, da technische Lösungen nahezu die gesamte Verwaltung übernehmen. So landen tatsächlich über 90 Prozent der gesammelten Spenden an ihrem Bestimmungsort. Die Mitarbeiter der Organisationen können sich nun, befreit von Verwaltungsaufgaben, vermehrt für eine gute Wirkungsweise des Geldes einsetzen. Ein solches Unternehmen, welches auf möglichst große technische Unterstützung baut, ist GiveDirectly. Gegründet von Michael Faye, einem in Harvard ausgebildeten Ökonomen mit Berufserfahrung bei der UN und McKinsey, stellt das Unternehmen eine Besonderheit dar. Denn Michael Faye hat neben GiveDirectly noch ein zweites Unternehmen namens Segovia Technology gegründet, das GiveDirectly ergänzt und in Entwicklungsländern die Auszahlung von Geldern vereinfacht. So kommen die Spenden von GiveDirectly in Kenia direkt übers Handy. Das muss nicht einmal ein Smartphone sein. Ähnlich wie in Europa Prepaid-Handys aufgeladen werden, bekommen die Menschen per Zahlencodes und SMS Gutha-

4 Vergleiche http://www.zeit.de/gesellschaft/2016-04/bedingungsloses-grundeinkommen-kenia-givedirectly

ben auf ihr Handy gebucht. Lokale Agenten zahlen ihnen dann das Geld bar aus. So dauert es durchschnittlich 32 Minuten, bis das Geld beim Empfänger gelandet ist. Insgesamt erfordert dies also keine besonderen technischen Voraussetzungen, und es funktioniert überall, wo es Handys gibt – also beinahe auf der ganzen Welt. Zudem liegen die Transaktionskosten der Überweisungen nahe null. Entsprechend kann GiveDirectly garantieren, dass 91 Prozent der Spendengelder bei den Menschen ankommen.

Aber nicht nur die Auszahlung wird technisch erleichtert, schon die Identifizierung der Ärmsten der Armen läuft über Datenauswertung. In den USA werden mittels Satellitenbildern und anderer verfügbarer Daten die bedürftigen Haushalte in Kenia ermittelt. Ein Hauptmerkmal sind dabei strohgedeckte Hausdächer. Lokale Mitarbeiter ziehen sodann vor Ort von Tür zu Tür, um die Daten zu überprüfen. Derzeit liegt die Fehlerquote bei 3 Prozent. Weiter prüfen Satellitenbilder, ob den Mitarbeitern an der Tür nur etwas vorgespielt wurde oder ob die Armut tatsächlich zutrifft, indem die entsprechenden Häuser automatisch überwacht werden. Nach Überweisung des Geldes wird jeder Empfänger angerufen, um den Empfang zu bestätigen. Diese Spendenpraxis erhält in der Sprache der Entwicklungsökonomen »Goldstandard für Evidenz« – ein Prädikat, welches eine externe Evaluation errechnet hat.

Das Beispiel GiveDirectly zeigt, wie präzise der Einsatz von Daten die Weitergabe von Spendengeldern unterstützen kann und welche Vorteile die neuen technischen Möglichkeiten in Bezug auf Geldtransfer und Spendenpraxis bedeuten können. Aber es zeigt auch, wie viel über Menschen anhand von Daten herausgefunden werden kann. Dabei sind das in Kenia zumeist Menschen, deren digitaler Fußabdruck äußerst gering ist. Natürlich sind auch die Missbrauchsmöglichkeiten durch eine solche Überwachung vermehrt gegeben.

Die Spendenpraxis hat sich zudem in den letzten Jahren enorm weiterentwickelt, seitdem sich Spendenaufrufe via Internet an die »Crowd«, also die digitale Gemeinschaft, wenden. Die Crowd finanziert heute etwa den Druck von Büchern für mittellose Schriftsteller. Auch akquiriert sie Startgelder für Unternehmen, ohne dass sich Investoren die Rechte an den Gewinnen sichern und so Einfluss auf das wirtschaftliche Handeln nehmen. Die Firma HandUp macht mit Geldern aus der Crowd das Betteln überflüssig, indem auf ihrem Portal Freiwillige dabei helfen, dass jeder seine Notlage schildern oder für ein Projekt etwas Geld einsammeln kann. Gerade in der Gegend des Silicon Valleys, wo HandUp ansässig ist und wo in den vergangenen Jahren aufgrund von Gentrifizierung viele Menschen ihren Wohnsitz verloren haben, ermöglicht es so Menschen eine Anschubfinanzierung, um wieder auf die Beine zu kommen.

Der Berliner Verein »Mein Grundeinkommen« hat seit 2014 mithilfe der Crowd annähernd 100 Menschen für ein Jahr lang jeden Monat 1000 Euro zukommen lassen, um ihnen das Gefühl eines bedingungslosen Grundeinkommens zu ermöglichen und so die Idee zu beleben.

Das Prinzip des Crowdfunding ist einfach und hat schon immer funktioniert: Wenn viele ein bisschen geben, kann viel zusammenkommen. Gleichzeitig erweitert Technik die Reichweite und beschleunigt den Prozess.

Cousinenwirtschaft statt Vetternwirtschaft?

Weltweit entsteht zunehmend durch Altersarmut eine prekäre Situation für Frauen. Denn auch in fortschrittlichen Ländern ist die Altersvorsorge für Frauen ein ungelöstes Problem. Seit Mitte des 20. Jahrhunderts ist die Erwerbsbeteiligung von Frauen erheblich gestiegen, ohne dass die Beteiligung von Männern an der unbezahlten Haus- und Familienarbeit sich entsprechend erweitert hätte. Zählt man bezahlte und unbezahlte Arbeit zusammen, so arbeiten Frauen und Männer annähernd gleich viel. Arbeitsbiografien von Frauen weisen aber deutlich häufiger Teilzeit (50 Prozent bei Frauen gegenüber 15 Prozent bei Männern)[5] sowie längere familienbedingte Unterbrechungen bei der Erwerbsarbeit auf.

5 Vergleiche http://www.destatis.de/DE/Publikationen/Datenreport/Downloads/Datenreport2016.pdf?__blob=publicationFile

Dieser Umstand hat erhebliche Konsequenzen auf die Altersvorsorge, da die finanzielle Absicherung an die Erwerbsarbeit geknüpft ist. Die Leistungsansprüche von Frauen, insbesondere die Rentenansprüche, sind deutlich geringer als die von Männern. So sind zum Beispiel alleinerziehende Mütter die gesellschaftliche Gruppe, die am stärksten von Altersarmut bedroht ist.

Einen Ursprung hat das in den Beschäftigungsverhältnissen. Die Lohnlücke, die als »Gender Pay Gap« bezeichnet wird zeigt, wie groß das Lohngefälle zwischen Männern und Frauen ist. Nach Angaben des Statistischen Bundesamtes verdienen vollzeitbeschäftigte Frauen in Deutschland durchschnittlich 21 Prozent weniger als ihre männlichen Kollegen. Selbst wenn die Häufigkeit von Teilzeit und der geringe Anteil an Führungskräften und Chefpositionen von Frauen herausgerechnet werden, beträgt die Lücke noch 8 Prozent.[6] Nur 39 Prozent der Frauen sind vollzeiterwerbstätig, während 14 Prozent gar kein eigenes Einkommen haben, wie die Ergebnisse der Studie des Soziologen Carsten Wippermann zeigen.[7] Somit ergibt sich zwischen den Geschlechtern in Deutschland ein Einkommensgefälle von insgesamt 45,3 Prozent. Zudem bringen es Männer im Durchschnitt auf 39 Erwerbsjahre, Frauen dagegen nur auf 26.[8]

Als vermeintliche Lösung wurden in Deutschland die sogenannten »Minijobs« eingeführt. Diese Maßnahme, die zum Ein- oder Wiedereinstieg ins Arbeitsleben dienen soll, wird vor allem von Frauen genutzt. Heute sind laut Arbeitsamtsstatistik zwei Drittel der 7,3 Mil-

6 Was das konkret fürs Geld bedeutet, hat die ZEIT vom 14. Juni 2016 in einem Beispiel zusammengefasst: Bei einem Bruttomonatslohn von 3500 Euro beträgt die Lohnlücke der Frauen 280 Euro. Bei einem Jahresgehalt mit 12 Monatslöhnen sind das immerhin 3360 Euro, die eine Frau weniger im Jahr verdient. Für einen Zeitraum von zehn Jahren sind es 33600 Euro, in 30 Jahren 100800 Euro. Über ein gesamtes Arbeitsleben mit 45 Rentenbeitragsjahren verliert eine Frau durchschnittlich 151200 Euro allein durch diese Benachteiligung. Vergleiche http://www.zeit.de/karriere/2016-06/gleichberechtigung-lohnunterschied-maenner-frauen-jahrestag/komplettansicht

7 Vergleiche https://www.bmfsfj.de/blob/83858/928434dae7d841aadc5d2b0ef137573b/20160307-studie-mitten-im-leben-data.pdf

8 Vergleiche Helma Sick und Renate Fritz: Reich in Rente: Wie Frauen finanziell am besten vorsorgen. 2014.

lionen Minijobber weiblich. Allerdings geht der Plan, dass die Minijobber nach und nach in ein reguläres Arbeitsverhältnis kommen sollen, nicht auf. Die meisten Minijobber schaffen nicht den Sprung in eine sozialversicherungspflichte Beschäftigung. Ganz im Gegenteil: Eine versicherungspflichtige Erwerbstätigkeit wird umso unwahrscheinlicher, je länger man einem Minijob nachgeht.

Minijobs sichern keine Rente, weil schlicht zu wenig Geld verdient wird und somit nichts zur Seite gelegt werden kann. Die erschütternde Realität ist, dass Frauen in Deutschland durch 20 Jahre Teilzeitarbeit nur einen Rentenanspruch von durchschnittlich 220 bis 270 Euro erwerben.[9] Insgesamt ergibt das für Frauen ab 65 Jahren im Schnitt ein Nettoeinkommen von 1027 Euro; bei Männern liegt es bei 1695 Euro.[10] Die Rentenunterschiede sind bei Verheirateten am höchsten: Verheiratete Frauen verfügen durchschnittlich über 686 Euro, während verheiratete Männer über 1746 Euro verfügen.[11] Das zeigt, dass die sozialen Absicherungssysteme auf Lebensmodelle ausgerichtet sind, welche die Frau als Haus- und Ehefrau sowie Mutter und (Schwieger-)Elternpflegerin in einer lebenslang haltenden Ehe sehen. Schon die Scheidungsrate von über 40 Prozent legt eine dringende Überarbeitung dieser Systeme nahe.

Eine Lösung könnte darin liegen, dass Frauen selbstständiger am Wirtschaftsleben teilnehmen. Die weltweiten Erfolge in der Mikrokreditvergabe zeigen das deutlich. Als Banken wie die Grameen-Bank in Bangladesch mit dem Vorreiter und Friedensnobelpreisträger Mohammad Yunus begannen, die kleinen Kredite zu vergeben, stellten sie fest, dass Frauen die verlässlicheren Kreditnehmer sind. Ihre Rückzahlungsquoten sind höher sowie die Wahrscheinlichkeit, dass sie das Geld tatsächlich in ihr Unternehmen investieren. So sind heu-

9 Vergleiche http://www.zeit.de/karriere/2016-06/altersvorsorge-frauen-finanzberatunggeldanlage-teilzeit-rente/komplettansicht

10 Vergleiche http://www.bmas.de/SharedDocs/Downloads/DE/PDF-Gesetze/alterssicherungsbericht-2012.pdf?__blob=publicationFile

11 Vergleiche http://www.bmas.de/SharedDocs/Downloads/DE/PDF-Gesetze/alterssicherungsbericht-2012.pdf?__blob=publicationFile

te weltweit bei Auszahlung von Mikrokrediten Frauen als Kreditnehmer mit 75 Prozent überrepräsentiert.[12]

Diese Selbstständigkeit könnte bedeuten (übertragen auf die soziale Absicherung), dass ein adäquater Ansatz für die Altersvorsorge in Peer-to-Peer-Versicherungen und Peer-to-Peer-Altersvorsorge für Frauen liegt. So kann die mangelnde finanzielle Absicherung auf viele Schultern verteilt und durch soziale Absicherung erweitert werden. Erste Ansätze zeigt die moderne »Beginen«-Bewegung, in der Frauen generationenübergreifend in Wohnprojekten leben und manchmal auch arbeiten. In Deutschland haben sich bereits über 20 Projekte unter einem Dachverband organisiert. Sie greifen damit eine alte Tradition aus dem 12. Jahrhundert auf, bei der sich überall in Europa Frauen zusammenfanden, um außerhalb von Klostermauern gemeinsam ein spirituelles und tätiges Leben zu führen. Noch heute finden sich in 600 Städten allein in Deutschland historische Nachweise dieser Lebens- und Arbeitsformen von Frauen.

Die heutigen Formen sind zumeist genossenschaftliche Wohnprojekte, die durch ihren besonderen Fokus auf Frauen aber darüber hinausgehen. Egal ob alleinstehend, geschieden oder getrennt lebend, ob mit Kindern oder kinderlos, hetero- oder homosexuell, entsteht durch die ausschließlich weiblichen Bewohner für sie ein Mehrwert. Charakteristisch für die Bewegung ist ihre Vielfalt. Die Frauen verbinden sich, da sie nicht nur gemeinsame Probleme, sondern auch gemeinsame Lösungen haben.

12 Vergleiche Beatriz Armendariz: The Economics of Microfinance. Cambridge/The MIT Press. 2005.

SELBSTORGANISATION SOZIALER SYSTEME

Die Transformation sozialer Beziehungen als Folge innovativer Technologien

Gerald Hüther

Technologische Innovationen verändern nicht nur bisherige Produktionsweisen und ökonomische Entwicklungen, sie bieten auch der Wissenschaft neuartige Instrumente. Vor allem der Einsatz digitaler Medien ermöglicht bis dahin ungeahnte Einblicke in Struktur und Organisation komplexer Phänomene, nicht nur im Bereich der klassischen Naturwissenschaften wie der Astrophysik, sondern auch und vor allem auf dem Gebiet der sogenannten Life Sciences, also der Erforschung lebender Systeme, von zellulären und organismischen bis zu ökologischen und sozialen Systemen.

Die neuen Möglichkeiten der Datenerhebung und -verarbeitung eignen sich insbesondere für Untersuchungen der Herausbildung und Aufrechterhaltung komplexer Beziehungsmuster und der diesen Musterbildungsprozessen zugrunde liegenden Gesetzmäßigkeiten. Die bisher vorherrschende Analyse von Einzelphänomenen im Labor wird inzwischen zunehmend durch Untersuchungen ihres Zusammenwirkens unter natürlichen Bedingungen abgelöst.

Zwangsläufig kommt es dabei zur Generierung einer Vielzahl von neuartigen Erkenntnissen. Noch im vorigen Jahrhundert herrschten deterministische Vorstellungen über die Strukturierung lebender Systeme durch genetische Programme vor. Sie wurden und werden durch neue Erkenntnisse über die nun zunehmend besser sichtbar und messbar werdende Fähigkeit lebender Systeme zur Selbstorganisation abgelöst. Eine Vielzahl von Einzelbefunden und Metaanalysen macht deutlich, dass sich selbst organisierende Beziehungsmuster für nachfolgende Strukturbildungen auf allen Ebenen der Entwicklung lebender Systeme verantwortlich sind: im Verlauf der Embryonalentfaltung, während der Hirnentwicklung, bei der Entstehung von Ökosystemen oder bei der Herausbildung sozialer Systeme. Als »Nebeneffekt« der Einführung technologischer Innovationen wird Selbstorganisation offenbar nun, zu Beginn des 21. Jahrhunderts, zu einem Schlüsselbegriff des Verständnisses von Entwicklungs- und Transformationsprozessen des Lebendigen. Auch Entwicklung und Wandlung im Bereich des Sozialen, im Zusammenleben von Menschen und in ihrer Beziehungskultur, sind Ausdruck derartiger sich selbst organisierender Prozesse.

Selbstorganisation erfolgt allerdings nicht im luftleeren Raum, sondern innerhalb der jeweils herrschenden Rahmenbedingungen, und die Einführung und Ausbreitung innovativer Technologien verändert diesen Rahmen nachhaltig und irreversibel. Nach diesem Grundprinzip der Selbstorganisation werden sich deshalb auch die Beziehungen zwischen den Mitgliedern unserer bisher entstandenen sozialen Systeme grundlegend und anhaltend verändern. Auf welche Weise das geschieht und zu welchen Veränderungen es dabei kommt, soll in diesem Beitrag herausgearbeitet werden.

Ein zweites wichtiges Grundprinzip der Selbstorganisation beschreibt die Richtung, der dieser Veränderungsprozess folgt: In jedem lebenden System ändern sich die inneren Beziehungsmuster seiner Konstituenten so lange, bis der zur Aufrechterhaltung des betreffenden Systems notwendige Energieaufwand so gering wie möglich ist. Auch dieses Grundprinzip soll im Hinblick auf die Folgen der Einführung und Ausbreitung innovativer Technologien für das Zusammenleben in menschlichen Gemeinschaften im Folgenden untersucht werden.

Die Frage ist, wie sich technologische Innovationen auf das Zusammenleben in menschlichen Gemeinschaften auswirken. Die sogenannten Kondratjew-Zyklen beschreiben, wie wirtschaftliche Entwicklungen durch »Basisinnovationen« immer wieder auf eine neue Grundlage gestellt werden. Als zum Teil über Jahrzehnte andauernde Anpassungsprozesse ziehen sie in allen Bereichen der Produktion, des Konsums und der Handelsbeziehungen ökonomische Aufschwungsphasen nach sich. Beispiele für solche, ein entsprechendes

Wirtschaftswachstum auslösende technologische Innovationen sind die Entwicklung der Dampfmaschine (1. Zyklus), die Stahlproduktion und die Erfindung der Eisenbahn (2. Zyklus), die Innovationen auf den Gebieten der Elektrotechnik und der Chemie (3. Zyklus), die Einführung des Automobils und der Petrochemie (4. Zyklus) und, in der zweiten Hälfte des vergangenen Jahrhunderts, die Entwicklung der Informationstechnologie (5. Zyklus).

Jeder dieser Zyklen ging jedoch nicht nur mit einem wirtschaftlichen Aufschwung einher. Immer kam es dabei in Form sich selbst organisierender und von niemandem intendierter Anpassungsprozesse auch zu spürbaren Veränderungen im Leben, vor allem im Zusammenleben der Menschen.

Gegenwärtig erleben wir mit der Digitalisierung und Globalisierung eine technologische Innovation, die ebenfalls nicht nur die Wirtschaft, sondern alle Bereiche menschlichen Zusammenlebens erfasst. Diesmal sogar in einem bisher nicht gekannten Ausmaß.

Die Art und Weise, wie Menschen künftig miteinander leben, zusammenarbeiten und voneinander lernen, wird sich also mit großer Wahrscheinlichkeit ebenso grundlegend wie nachhaltig verändern. Im Hinblick auf die bisherigen sozialen Sicherungsverfahren heißt das: Solange wir keine Vorstellung davon haben, was diese neue Art des Umgangs miteinander kennzeichnet, wie diese neue Beziehungskultur beschaffen ist, wie sich das Zusammenleben der Menschen in Gemeinschaften künftig organisiert, bleibt nur eine Gewissheit: So wie bisher wird es künftig nicht mehr gehen. Aber wie dann? Diese Frage lässt sich nur beantworten, wenn es uns gelingt, diese Veränderungen des sozialen Miteinanders zu prognostizieren, zumindest aber die Richtung zu identifizieren, der diese Anpassungsprozesse folgen.

Was wäre eine Prognose der künftigen Entwicklungen im Zusammenleben von Menschen im Zeitalter der Digitalisierung und Globalisierung? Wenn es zutrifft, dass in jedem lebenden, das heißt hier: in jedem sozialen System die Beziehungen seiner Mitglieder so lange neu geordnet und umgestaltet werden, bis ein Zustand erreicht ist, der die Aufrechterhaltung des betreffenden Systems mit einem minimalen Energieaufwand gewährleistet, lässt sich durchaus prognostizieren, wie sich das künftige Zusammenleben der Menschen zu Beginn des 21. Jahrhunderts entwickeln wird: Die bisherigen, in den tradierten Beziehungsmustern (zum Beispiel in der Ehe) auftretenden Reibungsverluste, das heißt, der enorm hohe Aufwand an Energie und Ressourcen zur Aufrechterhaltung des Gesamtsystems (wie einer Ehe) wird sich verringern müssen. Dieser Veränderungsdruck manifestiert sich als zunehmende Destabilisierung der bisherigen Art unseres Zusammenlebens. Als Folge dieser globalen Destabilisierungsprozesse kommt es zunächst zu Versuchen der Restabilisierung des sozialen Zusammenhalts durch Rückgriff auf alte, in der Vergangenheit bewährte Bewältigungsstrategien (Nationalismus und andere -ismen).

Erst wenn diese Restaurierungsversuche hinreichend deutlich und auf globaler Ebene scheitern, öffnet sich der Blick für Alternativen und es wächst die Bereitschaft, künftig doch etwas anders als bisher miteinander auszukommen.

Dann kommt es zu amöboiden Suchbewegungen nach alternativen Formen des Zusammenlebens. Diese Phase der Transformation ist gegenwärtig in einigen Bereichen vor allem westlicher Gesellschaften erreicht. Hier wird bereits versucht, das Zusammenleben der Menschen anders als bisher zu gestalten. Das Spektrum dieser Versuche reicht von alternativen Lebensgemeinschaften bis zur Einführung eines bedingungslosen Grundeinkommens.

Der Schlüssel zur Transformation unserer gegenwärtigen (viel zu energieaufwendigen) Beziehungskultur liegt aber wahrscheinlich an einer anderen Stelle und ist von sehr grundsätzlicher Natur: Solange Menschen einander wie Objekte behandeln und als Objekte für die Erreichung eigener Absichten und Ziele benutzen, erzeugen alle so organisierten Gemeinschaften viel zu hohe Reibungsverluste und hindern sich selbst an der Entfaltung der in jedem Einzelnen und in der betreffenden Gemeinschaft angelegten Potenziale. Wir verletzen damit das, was die Astrophysiker als allgemeingültiges Prinzip der Entwicklung des Universums identifiziert haben: dass es dabei um die fortschreitende Eröffnung und Erschließung eines Möglichkeitsraumes geht. Bereits Gregory Bateson[13] hat uns daran erinnert, dass es keine Möglichkeit gibt, die Natur zu verändern, außer dass man sich ihr fügt. Aber um sich dieser menschlichen Natur fügen zu können, müssten wir wissen, was sie ausmacht.

Zur Beantwortung dieser Frage haben nicht zuletzt die Neurobiologen mit ihren Forschungsergebnissen einen wichtigen Beitrag geleistet. Kurz zusammengefasst heißt ihre Entdeckung: den Menschen als Einzelwesen gibt es ebenso wenig wie ein Gehirn ohne Körper. Um ein Mensch zu werden und Gestalter unseres Lebens sein zu können, brauchen wir andere Menschen, brauchen wir Gemeinschaften, deren Mitglieder einander als Subjekte begegnen statt sich gegenseitig zu Objekten ihrer Erwartungen und Bewertungen, ihrer Ziele und Absichten, ihrer Maßnahmen und Anordnungen – auch irgendwelcher Verordnungen, Ideologien oder sozialen Sicherungssysteme – zu machen. Damit ist klar, wohin die Reise geht. Offen bleibt nur noch, wann wir uns auf den Weg machen.

Mit den von uns selbst geschaffenen technologischen Entwicklungen haben wir die wahrscheinlich schwierigste Phase der Menschheitsgeschichte in Gang gesetzt. In gewisser Weise gleicht sie dem Übergang von den Einzellern zu den Vielzellern. Dank diesen technologischen Entwicklungen beginnen wir zu erkennen, dass wir alle in einem Boot sitzen und dass unser Planet nur über begrenzte Ressourcen verfügt. Wir haben daher perspektivisch keine andere Möglichkeit, als unsere bisherige Art des Umgangs miteinander, mit anderen Lebewesen und mit den natürlichen Gegebenheiten grundsätzlich umzugestalten. Statt wie bisher gegeneinander zu agieren und andere Lebewesen und sogar uns selbst als Objekte zu behandeln, werden wir lernen müssen, einander als Subjekte zu begegnen. Wir müssen versuchen, einander einzuladen, zu ermutigen und zu inspirieren, diese entscheidende Transformation unseres Zusammenlebens umzusetzen.

13 Gregory Bateson (1904–1980) war Professor für Sozialwissenschaft, worin er diverse Disziplinen als systemisch-kybernetische Forschung miteinander verband. Er gilt als ein wichtiger Vordenker von Systemtheorie und Kybernetik.

Nur dadurch werden wir lernen können, wie sehr wir alle miteinander und mit allen anderen Lebewesen verbunden sind. Und nur dann, wenn jemand sich mit anderen verbunden weiß und sich mit ihnen verbunden fühlt, ist er bereit, für einen anderen zu sorgen und sich um die Entfaltung der in ihr oder ihm angelegten Potenziale zu kümmern. Auch und gerade wenn der oder die andere alt oder krank und hilfsbedürftig geworden ist.

DIE AUFHEBUNG DES MENSCHEN

Über Individualität und Sozialität oder: Wer bin ich, wenn wir zusammen sind?

Philip Kovce

Als wir uns alle noch regelmäßig auf dem Acker aufhielten, um für unseren Lebensunterhalt zu sorgen, den wir entweder selbst anbauten oder von anderen erbeuteten, war die Farbe der Arbeit braun. Braun wie die Erde. Braun wie der umgepflügte Acker. Braun als Farbe der Arbeit hieß: angesichts der Natur das Lebensnotwendige für die eigene Familie, für die eigene Sippe in dörfischer Subsistenzwirtschaft besorgen.

Diese Zeiten hatten ein Ende, als die Maschinen aus der Stadt auf das Land kamen – und die Menschen vom Land in die Städte zogen. Arbeitsteilung und Industrialisierung färbten die Arbeit rot. Rot wie das Blut. Feuerrot. Während die braune Ökonomie den Menschen alles allein für sich selbst arrangieren ließ, ließ die rote Ökonomie jeden ein bisschen für die anderen erledigen. Braun als Farbe der Arbeit hieß: Es braucht den Menschen immer und überall ganz und gar für die Sicherung des eigenen Lebensunterhalts. Rot als Farbe der Arbeit hieß ökonomisch: Es braucht den Menschen hier und da für die Arbeit und hier und da für die Freizeit. Rot als Farbe der Arbeit hieß anthropologisch: die Spaltung des Menschen in Arbeitsmensch und Freizeitmensch.

Wer heute danach fragt, welche Farbe die Arbeit im heraufziehenden digitalen Zeitalter wohl haben wird, dem erscheinen zwei Farbtöne: Silber und Gold. Die Farbenlehre der Digitalisierung hat zu berücksichtigen, dass es künftig silberne und goldene Arbeiten gibt – und wir müssen uns bei jeder Tätigkeit entscheiden, ob wir sie versilbern und/oder vergolden wollen. Versilbern heißt: All die Algorithmen und Applikationen, Glasfaserkabel und Siliziumchips, Roboter und Maschinen transportieren nicht nur unsere Waren, erinnern uns nicht nur daran, dass die Milch im Kühlschrank bald aufgebraucht sein oder der Anschlusszug wohl verpasst werden wird, nein, sie fahren auch unsere Autos, unterrichten unsere Kinder, pflegen unsere Großeltern, heilen unsere Krankheiten und halten uns über das Weltgeschehen auf dem Laufenden. Vergolden heißt: Wir selbst sind und bleiben es, die einkaufen, reisen, unterrichten, pflegen, heilen – kurz: wahrnehmen, denken und miteinander füreinander tätig sind.

Es gibt früher oder später nichts mehr, was Maschinen nicht tun können, wenn wir es sie berechnen lassen. Das, was einmal braune oder rote Arbeit gewesen ist und als solche immer wieder gerühmt wird, wird es so nicht mehr geben. Nur das Unberechenbare, das, was sich nicht automatisieren lässt, weil wir es nicht automatisieren wollen und/oder können, wird von uns weiter zu tun, zu veredeln, zu vergolden sein. Wir können alles versilbern und/oder vergolden – das sind die schier unerschöpflichen Möglichkeiten, welche die Digitalisierung verspricht.

Das silberne Zeitalter ist ein Zeitalter, welches, wenn wir es ganz genau nehmen, eigentlich nicht mehr auf Menschen angewiesen ist. Anders gesagt: Der Mensch, für den das silberne Zeitalter anbricht, ist eigentlich nicht mehr auf die Unmittelbarkeit seiner Mitmenschen angewiesen. Er selbst muss nichts mehr können, denn Maschinen können ihm alles vermitteln. Eine Flasche Milch. Ein Auto. Eine Gespielin. Der starke Grund, mit anderen zusammen zu sein, liegt nicht mehr darin, dass wir ohne die Unmittelbarkeit der anderen nicht überleben könnten, sondern darin, dass wir ohne die Unmittelbarkeit der anderen nicht leben können. Ich bin auf andere nicht mehr mittelbar, sondern unmittelbar, nicht mehr materiell, sondern existenziell angewiesen.

Die unmittelbare Angewiesenheit des Ich auf das Du verschränkt das silberne mit dem goldenen Zeitalter. Der Mensch des silbernen Zeitalters ist von der Mühsal der braunen und roten Arbeit befreit – und deshalb ist er frei, angesichts des anderen das silberne Zeitalter zu vergolden. Immer dann, wenn wir etwas für andere tun, das ihnen nicht bloß zum Überleben, sondern zum Leben dient, vergolden wir das silberne Zeitalter. Die goldenen Dienstleistungen sind die Dienstleistungen der Zukunft – Dienstleistungen, die sich nicht automatisch, sondern nur autonom erbringen lassen.

Conditio transhumana

Es ist nicht alles Gold, was glänzt. Und deshalb sind die schier unerschöpflichen silbernen und goldenen Möglichkeiten der Digitalisierung genauer zu betrachten – besonders die größte aller Möglichkeiten, die dieses Zeitalter bereithält: den Menschen. Der Mensch ist das Wesen, welches jenseits von Gut und Böse so werden wird, wie es von sich selbst zu denken vermag. Das heißt, dass die Frage nach der Zukunft des Menschen immer offen ist – die Frage danach, wie wir uns auf die Zukunft und die Zukunft auf uns vorbereiten wollen.

Die Natur des Menschen, die *conditio humana*, umfasst seit jeher eine *conditio transhumana*, ein Streben des Menschen über sich selbst hinaus. Seit jeher sind es Pflanzen und Tiere sowie die Geschöpfe des Menschen, seine Werkzeuge und Maschinen, mit denen er sich verbindet, um gemeinsam mit ihnen über sich selbst hinauszukommen. Und damit er über sich selbst hinauskommt, denkt er, denn das Denken ist es, welches ihn über sich selbst hinausführt. So gesehen ist das Denken jene künstliche, übermenschliche Intelligenz, die den Menschen immer wieder transzendiert. Was wir dieser Tage als Transhumanismus kennen, als Vorstellung des Menschen, mittels Natur und Technik sich selbst zu übersteigen, ist nichts anderes als die reformulierte Sehnsucht des Menschen danach, über sich selbst hinauszuwachsen. Doch tun wir dies, indem wir uns von Menschen zu Maschinen, von Denkern zu Rechnern, von bedenkenden zu berechnenden Wesen entwickeln – oder abwickeln?

Worüber wollen wir eigentlich hinauswachsen, wenn wir heute von Transhumanismus reden? Welchen Humanismus wollen wir überwinden? Welche Individualität und welche Sozialität wollen wir erreichen? Wer wollen wir sein, wenn wir mit anderen zusammen sind? Damit sind Fragen nach dem Humanismus des Transhumanismus formuliert, ohne deren Beantwortung wir nicht wissen, was wir tun – ja, ohne deren Beantwortung wir anthropologisch zurückbleiben, während wir technologisch fortschreiten.

Der Transhumanismus von heute reformuliert nicht nur die Sehnsucht des Menschen danach, über sich selbst hinauszuwachsen, er reformuliert ebenfalls die Sehnsucht danach, mit anderen zusammenzuwachsen. Der Mensch, der sich bilden, sich verbessern, über sich selbst hinauswachsen will, ist der Protagonist des transhumanistischen Projekts. Wenn der Mensch mit der Natur oder der Technik zusammenwächst, ja, gemeinsam mit ihnen über sich selbst hinauswächst, so wächst er zwar mit anderem zusammen, aber nicht mit anderen zusammen. Die Brücke, die der Transhumanismus schlagen will, trägt nicht dann am besten, wenn sie den Menschen mit der Natur oder der Technik verbindet, sondern wenn sie ihn mit dem anderen Menschen verbindet. Das andere, woraufhin der Transhumanismus den Humanismus überwinden will, ist nicht die Natur oder die Technik, sondern der andere – der andere Mensch, der »Humanismus des anderen Menschen«.[1]

Dass die Brücke des Transhumanismus mithilfe von Telekommunikation und Informatik tatsächlich hinüberreichen könnte zum anderen Menschen, diese Vorstellung einer Vernetzung der Nächstenliebe formuliert Vilém Flusser als Teil seiner »Kommunikologie«: »Das Netz schwingt, es ist ein Pathos, es ist eine Resonanz. Das ist die Grundlage der Telematik, diese Sympathie und Antipathie der Nähe. Ich glaube, die Telematik ist eine Technik der Nächstenliebe, eine Technik zum Ausführen des Judenchristentums. Die Telematik hat Empathie als Basis. Sie vernichtet den Humanismus zugunsten des Altruismus.«[2]

Die Vernichtung des Humanismus zugunsten des Altruismus, zugunsten eines »Humanismus des anderen Menschen«, beschreibt

1 Vergleiche Emmanuel Levinas: Humanismus des anderen Menschen. 2005.
2 Vilém Flusser: Kommunikologie weiter denken. Die Bochumer Vorlesungen. 2009, S. 251.

keinen silbernen technologischen Transhumanismus, der sich gegen den anderen Menschen verschließt, sondern einen goldenen humanistischen Transhumanismus, der sich für den anderen Menschen öffnet. Einem Menschen begegnen heißt, so Emmanuel Levinas, »von einem Rätsel wachgehalten werden«,[3] und dieses Rätsel hält sich der goldene humanistische Transhumanismus wach, ja, er erweckt es sich erst eigentlich zum Leben.

Dass die Vernichtung des Humanismus allerdings nicht bloß zugunsten eines Altruismus, sondern auch zugunsten eines Egoismus, eines Humanismus gegen den anderen Menschen, möglich ist, zeigt sich ebenfalls. Denn anstatt dass es mich mit anderen zusammenführt, führt das Netz oftmals alles auf mich selbst zurück – wie eine »Autopropaganda, die uns mit unseren eigenen Vorstellungen indoktriniert«.[4] Diese »Autopropaganda«, die mir nicht die Welt und den anderen erschließt, sondern sie mir verschließt, führt infolge der »Entzauberung der Welt«[5] und der »Austreibung des Anderen«[6] zu einem heimatlosen Selbst, das sich aufmerksamkeitsökonomisch aufbläht und ausbeutet.

Wer sich aufbläht und ausbeutet, der flieht und verfolgt sich. Er flieht die Gegenwart, die immer zu schlecht ist, und verfolgt die Zukunft, die immer besser ist. Er hadert mit seiner Größe, die immer zu klein ist, und mit seinem Erfolg, der immer zu gering ist. Die Ökonomie der Aufmerksamkeit fordert Ego-Shooter, die weder Rücksicht auf sich selbst noch auf andere nehmen. Die Ökonomie der Aufmerksamkeit fordert die Maximierung der Selbstproduktion, die jede Wahrnehmung des Fremden verhindert. Das führt dazu, dass der andere, den ich gar nicht mehr wahrnehmen will, sondern der nur noch mich wahrnehmen soll, verschwindet. Die Ökonomie der Aufmerksamkeit produziert Weltverlust. Die Ökonomie der Aufmerksamkeit

3 Emmanuel Levinas: Die Spur des Anderen. Untersuchungen zur Phänomenologie und Sozialphilosophie. 1983, S. 120.

4 Eli Pariser: Filter Bubble. Wie wir im Internet entmündigt werden. 2012, S. 22.

5 Vergleiche Max Weber: Wissenschaft als Beruf. 1995, passim.

6 Vergleiche Byung-Chul Han: Die Austreibung des Anderen. Gesellschaft, Wahrnehmung und Kommunikation heute. 2016.

eliminiert den anderen. Ich allein bin es, der sich im aufmerksamkeitsökonomischen Gesamtkreislauf andauernd selbst produziert und konsumiert. Ich bin erpicht darauf, eine Aufmerksamkeit zu erhaschen, die mir niemand mehr schenkt, weil ich mich niemals mehr verschenke.

Ethik der Aufmerksamkeit

Während die Ökonomie der Aufmerksamkeit das Ich in Dauerkonkurrenz zum Du stürzt und Aufmerksamkeit zur knappen Ressource erklärt – und verflacht –, ist es eine Ethik der Aufmerksamkeit, die das Ich sich nach dem Du sehnen lässt, Aufmerksamkeit als unerschöpfliche Quelle erkennt – und vertieft. Die Ökonomie der Aufmerksamkeit fordert, sich selbst zu versilbern, die Ethik der Aufmerksamkeit fordert, den anderen zu vergolden. Die Ethik der Aufmerksamkeit sieht den anderen nicht als Feind, der mir Aufmerksamkeit stiehlt, sondern als Freund, dem ich sie schenke. Die Ethik der Aufmerksamkeit lässt mich gerade mit der Aufmerksamkeit, die ich nicht mir selbst, sondern anderen schenke, wachsen, ja, über mich selbst hinauswachsen. Ich werde weltgewandter, wenn ich mich anderen zuwende, und nicht zuletzt ihrer Zuwendung verdankt sich meine Weite. Wenn ich mich dem anderen zuwende, wandelt sich mein Du-versilberndes Ego zum Du-vergoldenden Ich, das in der Austreibung des anderen die Austreibung des Ich, in der Anerkennung des anderen die Anerkennung des Ich erkennt. Die Aufhebung des Menschen vollzieht sich als silberne Verneinung, die ihn vertilgt, oder als goldene Bejahung, die ihn verklärt.

Wer angesichts des technologischen Fortschritts schließlich nach neuen sozialen Sicherungssystemen, ja, sogar nach einer möglichen Sozialrevolution fragt, der fragt nicht zuletzt nach einem neu gemeinschaftsfähigen Individuum – danach, wie wir von uns selbst denken und für andere da sein wollen. Die Sozialrevolution ist eine Individualrevolution. Die Sozialrevolution ist eine Revolution des Ich, welches sich entschließt, das Du ganz und gar zu würdigen. Die Anwesenheit des anderen im eigenen Wesen ist der Beginn einer neuen Sozialität, welche die freie Individualität nicht hemmt, sondern hebt. Die Anwesenheit des anderen im eigenen Wesen lässt sich mit Nietzsche Liebe nennen: »Was ist denn Liebe anders als verstehen und sich darüber freuen, dass ein anderer in anderer und entgegengesetzter Weise als wir lebt, wirkt und empfindet? Damit die Liebe die Gegensätze durch Freude überbrücke, darf sie dieselben nicht aufheben, nicht leugnen. – Sogar die Selbstliebe enthält die unvermischbare Zweiheit (oder Vielheit) in Einer Person als Voraussetzung.«[7] Ich bin ein anderer, wenn ich angesichts des anderen zu mir selbst komme. Der andere sorgt dafür, dass mein Ich nicht verkümmert, sondern sich selbst vielstimmig lieben lernt.

Die Sozialrevolution ist nicht bloß ein technologisch bedingtes, sondern ein anthropologisch begründetes Geschehen. Die Sozialrevolution begründet die Wiederverzauberung des anderen. Die Wiederverzauberung des anderen läutet das goldene Zeitalter ein – ein Zeitalter, welches den anderen nicht abschafft, sondern adelt. Eine Sozialität, welche den anderen nicht eliminiert, sondern emanzipiert, fördert keinen Antiindividualismus, sondern einen Interindividualismus – also jene höchste Form der Sozialität, deren Ziel die freie Individualität ist.

Als wir uns alle noch regelmäßig auf dem Acker aufhielten, um für unseren Lebensunterhalt zu sorgen, war unser Gegenüber die Natur. Sie forderte uns heraus und ernährte uns. An und mit ihr haben wir uns entwickelt. Das war das braune Zeitalter. Seitdem die Maschinen auf das Land und die Menschen in die Städte gezogen sind, ist unser Gegenüber die Technik geworden. Sie forderte uns ebenfalls heraus und ernährte uns. Das ist das rote Zeitalter gewesen. Heute und morgen stehen wir einerseits den Maschinen, andererseits uns selbst und dem Selbst der anderen gegenüber. Wir stehen all dem gegenüber, was wir berechnen und beherrschen, sowie all denen, die wir und die uns befreien. Das silberne Zeitalter lässt den Unterschied

7 Friedrich Nietzsche: Menschliches, Allzumenschliches. Kritische Studienausgabe, Band 2. 2016, S. 408.

zwischen Mensch und Maschine verschwinden, das goldene lässt ihn wiederaufleben. Das silberne Zeitalter rechnet mit uns, das goldene gibt uns zu denken. Das silberne Zeitalter führt uns auseinander, das goldene führt uns zusammen. Es ist das silberne Zeitalter, das wir vergolden können – die Aufhebung des Menschen.

AUF DEN PUNKT GEBRACHT

Wir stehen am Beginn einer Sozialrevolution. Die Autoren teilen diese Diagnose – und rufen zum Handeln auf. Sie beschreiben die Herausforderungen, die uns alle betreffen, und präsentieren ihre Ideen für die Neugestaltung des Sozialen im Zeitalter der Digitalisierung. Der folgende Überblick umreißt die Kernpunkte und stellt das Buch in Kurzform dar.

Armin Steuernagel zeichnet in großen Linien die Entwicklung der sozialen Sicherung von der Antike bis heute nach. Früher funktionierte soziale Sicherheit in vertrauten, übersichtlichen Kleingruppen, seit der Industrialisierung in großen, anonymen Wohlfahrtsbürokratien. Diese Veränderung hat enorme Freiheiten gebracht und diverse Gruppenzwänge aufgelöst. Die dadurch geförderte Individualisierung bringt uns jetzt an die Grenzen des Systems, das mit seinen bürokratischen Regeln weder der Globalisierung noch der Digitalisierung gewachsen ist. Was wir aus der Vergangenheit der Sozialsysteme für die Zukunft lernen können: die Effizienz von Vertrauensnetzwerken.

Für **Albert Wenger** sind es vor allem zwei technologische Revolutionen, die alles umkrempeln: Erstens die Null-Grenzkosten-Revolution, die ermöglicht, dass alles, was einmal digital vorhanden ist, seien es eine Software, ein Film, ein Buch, zu null Grenzkosten vervielfältigt werden kann. Zweitens die Universalität und unendliche Anwendungsgebiete unserer heutigen Maschinen. Sie können bereits heute fast alles – sogar lernen. Aber die Technik kann uns das Leben nur dann erleichtern, wenn wir sie uns zunutze machen. Ansonsten geht von Technik eine perfide Ablenkungsgefahr aus, weswegen die entscheidende Frage bleibt, worauf wir unsere Aufmerksamkeit lenken. Heute ist nichts mehr knapp – außer unserer Aufmerksamkeit. Da muss uns eine Sozialrevolution beispielsweise in Form eines Grundeinkommens die Freiheit geben, unsere Aufmerksamkeit auf die wirklichen Probleme zu lenken, die für unsere Zukunft und die des Planeten entscheidend sind.

Erik Brynjolfsson führt Wengers Analyse fort und vertieft die enorme Lernfähigkeit künstlicher Intelligenz. Es werden »Übermenschen« kreiert, was schon heute zu einer grandiosen Produktivitätssteigerung führt. Doch bedeutet dies nicht einen allgemein steigenden Wohlstand, sondern eine »große Entkopplung«. Die oberen 1 Prozent werden durch die Digitalisierung immer schneller immer reicher, während die anderen 99 Prozent daran nicht teilhaben. Deswegen braucht es ein Überdenken des gesamten Wirtschafts- und Sozialsystems. Sonst wird die digitale Revolution in den nächsten 30 bis 50 Jahren unsere Gesellschaft stärker erschüttern als die Industrielle Revolution.

Dirk Helbing stellt anschaulich dar, wie die Digitalisierung das »Öl des 21. Jahrhunderts« produziert: Daten und Algorithmen. Ihre Verwendung ist nicht entschieden – sie können sowohl für totalitäre Herrschaft als auch für effizienten Schutz der Umwelt oder andere Gemeinwohlanliegen verwendet werden. Entscheidend ist: Wem gehören die Daten? Ein neues Finanzsystem 4.0 könnte das regeln, indem die Datenproduzenten ihre Daten in eine Währung umrechnen und so eine Art Grundeinkommen aus Daten entsteht. Die Daten werden in einer offenen Datenbank zum Nutzen aller verfügbar.

Georg Hasler hat über Jahre hinweg die Entwicklungen von Technik und Zinskurve beobachtet. Technische Innovation, so die begründete Schlussfolgerung, macht Kapital zunehmend überflüssig. Die Folgen sehen wir heute in Form negativer Zinsen. Zusätzlich zu dieser Kapitalentwertung konzentriert es sich in immer weniger Händen. Dies liegt an einem Missverständnis: Wir behandeln Daten wie Waren, die man gegen Diebstahl sichern muss. Dabei sind Daten kostenlos unendlich vervielfältigbar. Sie sind wie Ideen, die beim Teilen nicht kleiner, sondern größer werden. Daten können nicht als

Wirtschaftseinheit beschrieben werden, sondern sie sind ein »Kulturgut«. Um sie dennoch zu vermarkten, werden sie künstlich mit dem Instrument des Patentrechts verknappt und machen einige wenige sehr reich. Offene Daten und offene Ideen wären die Lösung. Doch damit auch die Menschen ein Einkommen erhalten, um die Dinge zu produzieren, welche für alle zugänglich, also *open source* verfügbar sind, braucht es eine Sozialrevolution.

Keiner weiß so gut wie **Andrew L. Stern**, was Gewerkschaften mit Streiks und Verhandlungen für Arbeiter aushandeln können. Doch das wird in Zukunft nicht mehr ausreichen. Arbeit ist schon heute so flexibel, global und individuell, dass keine vorhandene Gewerkschaft diese neuen Flexi-Arbeiter angemessen vertreten kann. Außerdem sind, wie beeindruckende Zahlen vor Augen führen, schon in wenigen Jahren massive Arbeitsplatzverluste durch Roboterisierung zu erwarten, etwa durch autonomes Fahren in der Logistikbranche. Was es braucht, ist ein »individueller Streikfonds« von 1000 Dollar pro Monat für jeden Bürger, bedingungslos.

Wie ein solches Grundeinkommen finanziert werden könnte, beschreibt **Robert B. Reich**. Denn die Digitalisierung stellt zwei Fragen ganz neu: Wem gehören die Ideen und Patente? Und: Wie ernähren sich Menschen in einer Welt, in der mehr und mehr durch Roboter erledigt wird? Stellen wir uns vor, es gäbe nicht nur ein iPhone, sondern ein iEverything. Das iEverything könnte alles produzieren und damit alle unsere Wünsche erfüllen. Keine Menschenarbeit wäre mehr nötig. Aller Reichtum der Welt würde zum Patentbesitzer des iEverything fließen. Doch langfristig könnte sich keiner mehr ein iEverything kaufen, da kein Mensch ein Einkommen hätte, um es sich zu leisten. Auch wenn das Beispiel erfunden ist, stimmt die Richtung, und die Finanzierung eines bedingungslosen Grundeinkommens durch eine Steuer auf geistiges Eigentum ist eine mögliche Lösung.

Yanis Varoufakis fasst es drastisch zusammen: »Der Kapitalismus liegt am Boden. Er leidet an einem Krampf, verursacht von seinen eigenen technologischen Erfindungen.« Wenn wir uns zum Beispiel ein iPhone genau anschauen, so sind fast alle Innovationen, die

Apple jemals in sein Telefon integriert hat, von staatlich finanzierten Forschungsinstituten geschaffen. Die Ausgaben für die Innovationen wurden sozialisiert, die Gewinne hingegen privatisiert. Darin begründet sich ein Recht auf ein Grundeinkommen für jeden Menschen. Es schafft die Grundlage für wirkliche wirtschaftliche Vertragsfreiheit, denn es gibt jedem die Möglichkeit, auch Nein sagen zu können. Wer einen Arbeitsvertrag oder Kaufvertrag unterschreibt, weil er keine Alternative hat – egal ob er dabei von der Mafia bedroht wird oder sonst wie seine materielle Existenz setzt –, hat nicht frei entschieden. Ein Grundeinkommen ist deswegen ein liberales Programm, seine Bedingungslosigkeit die Garantie gegen einen Staatspaternalismus.

Als liberales Projekt sieht auch **Michael D. Tanner** das Grundeinkommen, auch wenn er von ganz anderer Seite auf die Wohlfahrtsysteme Europas und der USA schaut. Diese werden ihrem Anspruch, Armut zu verhindern, nicht gerecht. In den USA ist der Bürokratiedschungel des Wohlfahrtssystems auf weit über 100 verschiedene Armutsbekämpfungsprogramme angewachsen, und Europa steht den USA hierin in nichts nach. So ist auch aus liberaler Sicht eine Sozialrevolution unausweichlich. Ein weniger paternalistisches Sozialsystem in Form eines freilassenden Grundeinkommens könnte daher ein effizienteres und effektiveres Wohlfahrtsprogramm sein, das auch schon von liberalen Vordenkern wie Friedrich Hayek, Milton Friedman, Robert Nozick oder James Buchanan vorgeschlagen wurde.

Natalie Foster, die sich für die Rechte von Arbeitern in der Gig-Ökonomie einsetzt, bringt viele Statistiken und Beispiele dafür, wie sich die Arbeitsverhältnisse als Begleiterscheinung der Digitalisierung verändern. Die Richtung weist weg vom klassischen Angestelltenverhältnis hin zu fluiden, selbstständigen Beschäftigungsformen. Doch was wird aus den Selbstständigen, wenn sie in Rente gehen, aber keine verpflichtenden Rentenzahlungen geleistet haben? Was passiert, wenn sie krank sind, aber keinen Arbeitgeber haben, der weiterzahlt? Wie sehen Sozialleistungen für fluide, individuelle Arbeitsbiografien aus? Es braucht »portable benefits« (mobile Sozialleistungen), ein Konzept, das jedem selbstständigen Arbeiter ein

Sozialversicherungskonto gibt, welches von den verschiedenen wechselnden Arbeitgebern anteilig gefüllt wird. Somit gleicht es dem vorhandenen System, jedoch ist es nicht an einen Arbeitsplatz, sondern an den Arbeiter selbst geknüpft.

Armin Steuernagel geht auf die Funktionsweise von sogenannten Solidargemeinschaften und Peer-to-Peer-Versicherungen ein. Das Prinzip ist, dass sich Menschen zu kleinen Gruppen zusammentun und monatlich in einen gemeinsamen Topf einzahlen, aus dem im Schadensfall die Mitglieder vergütet werden. Statt auf anonyme Regeln und Sanktionierungsmechanismen setzen diese neuen Gemeinschaften auf Vertrauensnetzwerke. Aber können diese Formen der dezentralen Sozialversicherungen uns bei den Herausforderungen der Digitalisierung helfen? Und können die Peer-to-Peer-Versicherungen große Teile des gegenwärtigen Wohlfahrtsstaats ergänzen oder ersetzen?

Börries Hornemann zeigt, wie vielfältig die Szene von Start-ups und Vereinen ist, die bereits erfolgreich Peer to Peer arbeiten. Wir müssen nur einen Blick dafür bekommen, was heute möglich ist, um uns von der Perspektive der Alternativlosigkeit zu lösen. Besonders spannend ist die oft unterschätze Kraft der Gemeinschaft, die sich in Netzwerken unterstützt. Überall gibt es »neue Wirs«, von Tokio bis zum Silicon Valley und von Paris bis Bangladesch. Sie gehen oft über reine soziale Sicherung hinaus, schaffen neue Netzwerke, neue Nachbarschaftshilfe und verbinden mehrere Generationen miteinander.

Gerald Hüther stellt sich der Frage, welche neuen Fähigkeiten nötig sind, um die »Neuorganisation sozialer Systeme« zu handhaben. Neue soziale Sicherung, in dezentralen, sich selbst organisierenden Systemen, ist eine der größten Herausforderungen der Menschheit, vergleichbar mit dem Entwicklungssprung vom Einzeller zum Vielzeller. Neurobiologisch ist es klar, dass wir als Menschen nur mit der Anregung der Gemeinschaft existieren können. Doch verfügen wir gegenwärtig nur über höchst energieaufwendige, ineffiziente Formen des Miteinanders, die andere für unseren Nutzen instrumentalisieren. Schier unendliches Potenzial entfaltet sich dann, wenn wir uns gegenseitig als Subjekte betrachten, also als Menschen wahrnehmen und nicht als Objekte oder Instrumente, die nur unseren Zielen nutzen. Damit ist ein Grundstein gelegt für eine Theorie zu den neuen Gemeinschaftsversicherungen, wie sie zuvor dargestellt wurden.

Philip Kovce kommt schließlich auf den einzelnen Menschen zu sprechen. Gesellschaftlich sind wir heute unabhängiger denn je – von der Natur und von den anderen Menschen. Gleichzeitig wird dabei deutlich, dass das Ich nicht ohne Du auskommen kann. Die mit der Digitalisierung einhergehende Bewegung des Transhumanismus offenbart sich als Sehnsucht nach dem anderen. Wie aber werden wir auf andere so aufmerksam, dass wir ihnen wirklich begegnen können? Die Ökonomie der Aufmerksamkeit macht aus Aufmerksamkeit eine knappe Ressource und verflacht sie. Eine Ethik der Aufmerksamkeit hingegen rechnet mit der Unerschöpflichkeit unserer Aufmerksamkeit. Die Sozialrevolution ist eine Individualrevolution. Die Voraussetzung dafür liegt in der gegebenen »künstlichen Intelligenz« des Denkens, die uns über uns selbst hinaus und mit anderen zusammenführt. Das ermöglicht jene Sozialität, die nicht auf einen »Antiindividualismus« (wie noch zu Zeiten des Gruppenzwangs), sondern auf einen »Interindividualismus« baut.

Die Sozialrevolution kommt. Wie sie aber verlaufen wird, ist offen. Entscheidend ist, dass wir gemeinsam neue Ideen zu ihrer Gestaltung entwickeln. Dazu müssen wir mutig neue Wege gehen. Andernfalls droht uns eine Revolution, wie sie Ende des 19. Jahrhunderts die Welt in Unsicherheit, Aufstände und Nationalismen führte sowie schließlich in zwei Weltkriege stürzte. Der erste Schritt ist, dass wir uns aufeinander einlassen für eine gemeinsame soziale Zukunft.

DIE AUTOREN

Erik Brynjolfsson, geboren 1962, ist amerikanischer Wirtschaftswissenschaftler und Managementprofessor am Massachusetts Institute of Technology (MIT) in Boston. Er ist Direktor der MIT Initiative on the Digitale Economy und des MIT Center for Digital Business. Seine Lehraufträge und Beratungstätigkeiten führen ihn rund um die Welt. Neben zwei Firmen, die Brynjolfsson gründete, hält er auch fünf Patente. Internationale Bekanntheit erlangte Brynjolfsson durch die beiden Bücher *Race Against the Machine* und *The Second Machine Age*, die er gemeinsam mit Andrew McAfee veröffentlichte. Darin untersuchen sie den rasanten technologischen Fortschritt und schlagen Maßnahmen vor, wie Institutionen und Organisationen darauf reagieren können.

Natalie Foster, geboren 1979, ist Expertin für die Zukunft der Arbeit, besonders, wenn es um Arbeitsplattformen der digitalen Ökonomie geht. Die US-Amerikanerin arbeitet als Beraterin für das Aspen Institute sowie für die Open Society Foundation und ist Forschungsmitglied des Institute of the Future sowie des Think Tanks New America. Foster gründete das Unternehmen Peers.org, das Arbeitern der digitalen Ökonomie zu mehr sozialer Sicherheit verhilft. Zudem war sie Mitgründerin und CEO des Sozialunternehmens Rebuild the Dream. Zuvor war sie Vorstand für Digitales von Präsident Barack Obamas Wahlkampfkampagne Organizing for America und für das Democratic National Committee. Dabei koordinierte sie das Team für die Millionen Unterstützer des US-Präsidenten. Als eine der »Top 50 Women to Watch in Tech« ist Foster eine gefragte Rednerin. Beratend begleitet sie diverse Start-ups.

Georg Hasler, geboren 1970, ist Schweizer Unternehmer. Gemeinsam mit zwei Partnern gründete er 1999 in Basel das unternehmen mitte, das heute größte Kaffeehaus der Schweiz inklusive Coworking-Space und Therapieräumen. Ursprünglich lernte Hasler Geigenbau. Fasziniert von der Perfektion alter Geigen, programmierte er computergesteuerte Fräsmaschinen, wobei er sich (und anderen) die Arbeit wegnahm. Diese Entwicklung führte zu seinem Buch *Blütenstaubwirtschaft*, worin er den Übergang von der Ding- zur Datenwirtschaft darstellt. Als Stiftungsrat arbeitet er in den Bereichen Musik und Bildung.

Dirk Helbing, geboren 1965, ist deutscher Physiker und Professor für Computational Social Science an der Eidgenössischen Technischen Hochschule (ETH) in Zürich. Er trägt einen Ehrendoktortitel der Technischen Universität Delft und leitet dort das PhD-Programm Engineering Social Technologies for a Responsible Digital Future. Helbings Arbeiten umfassen Modellbildung und Simulation für Verkehrstheorie, komplexe Zahlen, Smart Data sowie Entscheidungs- und Spieltheorie. International bekannt ist er für seine Modelle zum Straßenverkehr sowie für seine Modelle von Sozialsystemen. Helbing koordiniert die FuturICT Initiative, welche den Einfluss von Smart Data auf techno-sozio-ökonomische Systeme untersucht, ist Mitglied der Deutschen Akademie der Wissenschaften Leopoldina sowie des Global Brain Institute und arbeitet für das World Economic Forum Global Agenda Council.

Börries Hornemann, geboren 1983, ist Philosoph und Unternehmer. Er studierte Erziehungswissenschaft und Geographie sowie Philosophie und Kulturreflexion in Bochum und Witten. Neben journalistischen Arbeiten für diverse Zeitschriften gründete er ein Pressebüro für Musiker und war selbst mit seiner damaligen Band Herr Paschulke europaweit auf Tournee. Im Zuge der Volksabstimmung über ein bedingungsloses Grundeinkommen in der Schweiz gründete Hornemann mit Kollegen das Forschungsnetzwerk Neopolis, um die zukünftige soziale Sicherung mitzugestalten.

Gerald Hüther, geboren 1951, zählt zu den bekanntesten Hirnforschern Deutschlands. Er studierte und forschte in Leipzig und Jena und war schließlich von 2004 bis 2016 als Professor für Neurobiologie an der Universität Göttingen beschäftigt. Seit Jahren befasst sich Hüther mit der Verbreitung von Erkenntnissen auf dem Gebiet der Neurobiologischen Präventionsforschung, was zur Gründung der Akademie für Potentialentfaltung führte, deren Vorstand Hüther ist. Hüther schreibt Sachbücher, hält Vorträge, organisiert Kongresse, berät Politiker und Unternehmer und ist häufiger Gesprächsgast in Rundfunk und Fernsehen. Dabei versteht er sich als Brückenbauer zwischen wissenschaftlichen Erkenntnissen und gesellschaftlicher sowie individueller Lebenspraxis.

Philip Kovce, geboren 1986, ist Ökonom und Philosoph. Er forscht am Basler Philosophicum sowie am Lehrstuhl für Volkswirtschaftslehre und Philosophie der Universität Witten/Herdecke. Kovce gehört dem Think Tank 30 des Club of Rome sowie dem Think Tank First World Development an und zählt zu den Mitgründern des Forschungsnetzwerks Neopolis. Er schreibt für Presse und Rundfunk, veröffentlichte Bücher und engagiert sich für ein bedingungsloses Grundeinkommen. Am 14. Mai 2016 präsentierte er mit der *Generation Grundeinkommen* in Genf die »größte Frage der Welt« auf dem weltweit größten Plakat und stellte damit einen Guinness-Weltrekord auf.

Robert B. Reich, geboren 1946, ist eine Ikone der US-amerikanischen Linken. Er war Arbeitsminister unter Präsident Bill Clinton, mit dem er bereits in Oxford studierte. Reichs politische Karriere wechselte sich mit seiner wissenschaftlichen Laufbahn ab, sodass er einige Jahre im Justizministerium arbeitete, ehe er in Yale forschte und anschließend in Harvard lehrte. Mit der Übernahme des Arbeitsministeriums forcierte Reich Programme zur Armutsbekämpfung und für bessere Ausbildungsmöglichkeiten. Heute lehrt Reich in Berkeley und ist Mitglied der American Academy of Arts and Sciences. In zahlreichen Publikationen zeigt er auf, wie der Kapitalismus seine soziale Seite wahren kann. So weist er in seinem Buch *Rettet den Kapitalis-*

mus! darauf hin, dass der Kapitalismus sich selbst zerstört, wenn er ausschließlich auf den Profit weniger setzt.

Andrew L. Stern, geboren 1950, ist der bekannteste Gewerkschafter der USA. Er leitete zwölf Jahre die Dienstleistungsgewerkschaft Service Employees International Union (SEIU) und war Vorsitzender des größten US-Gewerkschaftsverbundes. Stern war dabei eine der treibenden Kräfte hinter der Gesundheitsreform »Obamacare«, die 20 Millionen US-Amerikanern eine Krankenversicherung ermöglichte. 2008 ist er als häufigster Gast im Oval Office des Weißen Hauses aufgeführt. Stern ist Senior Fellow an der Columbia University in New York City und eine der führenden amerikanischen Stimmen in Sachen Arbeiter- und Sozialversicherungsfragen. Mit seinem jüngsten Buch *Raising the Floor* hat er in den USA den Diskurs über ein bedingungsloses Grundeinkommen maßgeblich entfacht.

Armin Steuernagel, geboren 1990, ist Unternehmer, Investor und Ökonom. Mit 16 Jahren gründete er seine erste Firma, einen Spielzeugversand, der bis heute erfolgreich ist. Nach Arbeitserfahrungen im Europäischen Parlament rief er mit Gleichgesinnten Democracy International ins Leben, eine NGO, die sich für mehr Demokratie in Europa einsetzt. Außerdem gründete Steuernagel mit einem Partner eine Bio-Lebensmittelmarke, die inzwischen in rund 20 Ländern vertreten ist, sowie die Purpose Stiftung und einen Investmentfonds, mit deren Hilfe Start-ups und etablierte Unternehmen sich selbst gehören können. Steuernagel studierte Philosophie, Politik und Ökonomie in Witten/Herdecke und Oxford. Inzwischen erforscht er an der Universität Basel und an der Columbia University in New York City, wie Europa seine Unterschiede und Gemeinsamkeiten besser wertschätzen kann. Steuernagel ist Mitglied des Think Tank 30 des Club of Rome und Mitgründer des Forschungsnetzwerks Neopolis.

Michael D. Tanner, geboren 1956, ist Senior Fellow am Cato Institute, dem einflussreichsten libertären Think Tank der USA. Tanners Arbeit gilt als richtungweisend für ein Wohlfahrtsverständnis, das den Einzelnen sich selbstständig vorsorgen lässt, ohne dass der Staat dabei hineinwirkt. Das *Time Magazine* nannte Tanner »einen der Architekten der Bewegung für private Vorsorge«. Tanners Forschungsschwerpunkt ist Innenpolitik, besonders Armutsbekämpfung, soziale Sicherheit und Krankenversicherung. Er gehört zu den bedeutendsten Meinungsbildnern bezüglich sozialer Sicherheit in den USA. Seit einigen Jahren beschäftigt sich Tanner mit Modellen des bedingungslosen Grundeinkommens.

Yanis Varoufakis, geboren 1961, war 2015 während der griechischen Staatsschuldenkrise griechischer Finanzminister. Er schied aus dem Amt, da er die Verhandlungsbedingungen von EU-Kommission, Europäischer Zentralbank und Internationalem Währungsfonds nicht akzeptieren wollte. Seither ist er eine führende Stimme in den Debatten zur Finanzkrise. Varoufakis schrieb *Der globale Minotaurus,* einen Bestseller zur Finanzkrise, sowie zahlreiche wissenschaftliche Artikel. Er ist Professor für Wirtschaftstheorie an der Universität von Athen sowie Gastprofessor an den Universitäten von Texas und Stockholm. Mit DiEM21, einer Bewegung, die er mitbegründete, setzt sich Varoufakis für eine Neugestaltung Europas ein.

Albert Wenger, geboren 1967, ist Managing Partner des Venture-Capital-Fonds Union Square Ventures, der in bekannte Firmen wie Twitter, Tumblr oder Etsy investierte und rund eine Milliarde Dollar verwaltet. Wenger entwickelte zahlreiche Apps und gründete fünf Unternehmen. Er ist Vorstand und Aufsichtsrat diverser Firmen und fördert insbesondere die Start-up-Szene. Wenger absolvierte ein Studium in Wirtschaftswissenschaften und Computer Science an der Harvard University und schrieb anschließend seine Doktorarbeit in Information Technology am Massachusetts Institute of Technology (MIT) in Boston bei Erik Brynjolfsson sowie dem Wirtschaftsnobelpreisträger Bengt Holmström.